AF274123

El protocolo en hostelería. HOTA0001

Antonio Caro Sánchez-Lafuente

ic editorial

El protocolo en hostelería. HOTA0001
© Antonio Caro Sánchez-Lafuente

1ª Edición

© IC Editorial, 2024

Editado por: IC Editorial
c/ Cueva de Viera, 2, Local 3
Centro Negocios CADI
29200 Antequera (Málaga)
Teléfono: 952 70 60 04
Fax: 952 84 55 03
Correo electrónico: iceditorial@iceditorial.com
Internet: www.iceditorial.com

ISBN: 978-84-1184-427-7
Depósito Legal: MA-2450-2024

Impresión: PODiPrint
Impreso en Andalucía – España

Nota de la editorial: IC Editorial pertenece a Innovación y Cualificación S. L.

Especialidad formativa

Se entiende por especialidad formativa la agrupación de contenidos, competencias profesionales y especificaciones técnicas que responde a un conjunto de actividades de trabajo enmarcadas en una fase del proceso de producción y con funciones afines.

Las especialidades formativas de Uso General, Formación Complementaria, Formación Modular y las especialidades formativas dirigidas a la obtención de certificados de profesionalidad se incluyen en el Fichero de Especialidades del Servicio Público de Empleo Estatal para su gestión en todo el territorio nacional por cualquier Administración competente.

Las especialidades complementarias, pertenecen todas a la Familia profesional de Formación Complementaria (FCO) y tienen la consideración de formación transversal en áreas que se consideran prioritarias tanto en el marco de la Estrategia Europea para el Empleo y del Sistema Nacional de Empleo como en las directrices establecidas por la Unión Europea. Se consideran áreas prioritarias las relativas a tecnologías de la información y la comunicación, la prevención de riesgos laborales, la sensibilización en medio ambiente, la promoción de la igualdad, la orientación profesional y aquellas otras que se establezcan por la Administración competente.

Las especialidades de Certificado de profesionalidad tienen una duración especificada en su normativa reguladora.

En el resultado de la búsqueda, se muestran las unidades de competencia, todos los módulos formativos con su duración y las unidades formativas del certificado correspondiente, con su duración. Las horas del certificado, exclusivo de las especialidades de certificado de profesionalidad, con alta igual o superior a 2008, son las horas totales más las horas del módulo de Prácticas Profesionales no Laborales.

⊃ **Si la especialidad tiene unidades formativas,** las horas totales, presencial, distancia, teleformación serán igual a la suma de esas horas de las unidades formativas de los distintos módulos, sin que se repita ninguna Unidad formativa.

➲ **Si la especialidad no tiene unidades formativas,** las horas totales, pre-sencial, distancia, teleformación serán igual a las sumas de esas horas de los módulos formativos, eliminando las horas de los módulos repetidos.

https://sede.sepe.gob.es/especialidadesformativas/RXBuscadorEFRED/BusquedaEspecialidades.do

(Fuente: Servicio Público de Empleo Estatal)

Índice

Unidad de Aprendizaje 4
Evaluación de detalles y reglas de protocolo

OBJETIVOS GENERALES

Los objetivos generales del **HOTA0001. El protocolo en hostelería,** son los siguientes:

- ➲ Establecer protocolos de actuación en hoteles y restaurantes para lograr un desarrollo óptimo en la planificación y gestión de eventos.
- ➲ Asimilar las normas básicas del protocolo.
- ➲ Reconocer los principios de protocolo asociados al ámbito hostelero.
- ➲ Exponer las normas asociadas a la gestión de protocolo en hoteles.
- ➲ Detallar los tratamientos protocolarios y la aplicación de protocolo en casos particulares.

Comprensión de las normas básicas del protocolo

Contenido

Objetivos

El objetivo general de esta Unidad de Aprendizaje es:

→ Asimilar las normas básicas del protocolo.

Los objetivos específicos de esta Unidad de Aprendizaje son:

→ Diferenciar los principios del protocolo empresarial.

→ Distinguir el acto comunicativo asociado al protocolo.

→ Describir el protocolo oficial.

→ Reconocer los conceptos de protocolo y precedencia.

1. Introducción

Saber cómo actuar en un acto o evento de hostelería o conocer los requisitos propios para su organización es fundamental para ofrecer un servicio correcto y de calidad, y, por tanto, conseguir la satisfacción del cliente. Ello conlleva conocer las normas básicas de protocolo, que no son más que el conjunto de reglas establecidas por norma o por costumbre para ceremonias y actos oficiales o solemnes.

Las necesidades propias de ciertos actos o personalidades permiten diferenciar, en un primer momento, entre protocolo oficial y social. No obstante, y dada la naturaleza de este contenido, también es importante citar el denominado como **protocolo empresarial y gremial.**

La importancia de implantación correcta de estas normas requiere de legislación propia, de lo cual es un ejemplo el Real Decreto 2099/1983, sobre Ordenamiento General de Precedencias en el Estado.

La implantación de un correcto protocolo es por sí mismo un acto comunicativo, en el que el orden dado a los ocupantes de una mesa, la colocación de una bandera o el tratamiento utilizado para atender a una persona dan a conocer la profesionalidad del personal u organización, y es una seña de calidad.

Para dar una mayor practicidad a este estudio, se expondrán los casos o ejemplos a los que se enfrenta Belinda, directora de protocolo y organización en Hostel MJ Group, importante gestora del sector hostelero a nivel internacional.

2. Definición de protocolo y precedencia

 HILO CONDUCTOR

Belinda debe abordar la organización de un evento al que asistirán distintas autoridades procedentes de varios países en los que la cultura o costumbres son propias, lo que requiere de un conocimiento específico de estas costumbres, así como de las normas protocolarias internacionales, para poder actuar de forma segura.

Pese a que la Real Academia de la Lengua Española diferencia distintas acepciones para la definición de **protocolo,** el ámbito al que este contenido hace referencia (sector de hostelería y turismo) permite destacar la siguiente:

Conjunto de reglas establecidas por norma o por costumbre para ceremonias y actos oficiales o solemnes.

Esta definición refleja la importancia de una formación específica en los procesos desarrollados en el ámbito de la restauración, donde la categoría del establecimiento o el tipo de cliente facilita las necesidades de implantación específica, y puede ser una herramienta de proyección de marca y calidad hacia los clientes.

En cuanto a la **precedencia,** es importante hacer saber que consiste en dar a conocer el orden de prelación entre asistentes a un acto, al que de forma general asisten autoridades. Es decir, se trata del orden de preferencia que se les da a unas personas sobre otras.

Para el seguimiento de un correcto protocolo, es necesario conocer la precedencia entre asistentes, ya que no solo afectará a su asignación de asiento, sino que también influirá en aspectos relacionados con las necesidades de atención que requiere en relación con el saludo, presentaciones, etc.

 IMPORTANTE

No hay que confundir el término precedencia con el de presidencia, que se refiere a la persona o personas que presiden un acto.

2.1. Orden de precedencias

Según el Real Decreto 2099/1983, sobre Ordenamiento General de Precedencias en el Estado, se establece no solo el orden que las autoridades o personalidades tienen en un evento o acto, sino también su tratamiento. Además, esta normativa da a conocer las necesidades de presentación y ordenación de banderas.

De entre los principios que imponer en torno al orden de precedencias, es necesario cumplir los siguientes:

- **Cargo - Categoría personal:** el cargo ostentado prevalece sobre la categoría personal.
- **Anfitrión – Visita:** si se tiene el mismo cargo, prima el anfitrión (propia residencia) sobre la visita.
- **Delegación o representación:** el personal que lo sustituye no ocupará el lugar del representado, es decir, no confiere precedencia, pero sí acto de presencia.
- **Sector público o privado:** en un mismo acto el personal que representa al sector público tendrá preferencia sobre los representantes del sector privado.
- **Extensión territorial:** la extensión de jurisdicción y antigüedad indica que, con cargos iguale prevalece el representante de la jurisdicción de mayor extensión y/o mayor antigüedad.
- **Interinidad o accidentalidad:** la persona que ostenta un cargo de forma interina o por accidentalidad tiene la misma precedencia que si fuera fijo.
- **Cargos militares o eclesiásticos:** los cargos eclesiásticos y militares eliminan sus privilegios siempre que no estén en su ámbito jurisdiccional.
- **Hombre – Mujer:** la mujer tiene preferencia sobre el hombre.
- **Edad:** la persona de mayor edad tiene preferencia sobre la persona más joven.
- **Instituciones oficiales - Instituciones privadas:** las personas que representan una institución pública tienen preferencia sobre aquellas que representan una institución privada.
- **Autoridades religiosas - Autoridades civiles:** las autoridades religiosas tienen preferencia sobre las autoridades civiles.

 PARA SABER MÁS

Puedes consultar el Real Decreto 2099/1983 accediendo aquí:

https://redirectoronline.com/hota004po0101

APLICACIÓN PRÁCTICA

Belinda es la encargada de recibir al equipo directivo de la empresa AEVIN. Durante dicho proceso, se llevan a cabo, por parte de Belinda, una serie de acciones en esta recepción. ¿Cuál o cuáles son correctas?

- **De entre los asistentes, Belinda comienza saludando a un antiguo compañero, dándole un abrazo efusivo.**
- **En el grupo existen personas del sector público y privado, por lo que, en primer lugar, recibe a las personas del sector privado.**
- **De entre los integrantes del grupo, todos con el mismo rango, Belinda recibe en primer lugar a las mujeres.**
- **Dado que las personas que forman parte de la comitiva son de mediana edad, no usa la fórmula de cortesía usted.**

Solución

La acción correcta de recepción se corresponde con el recibimiento de las mujeres, en primer lugar.

En las especificaciones establecidas por protocolo se indica como correcto que se reciba en primer lugar a la mujer. Asimismo, ten presente que la recepción debe contemplar y respetar un protocolo establecido (empresarial u oficial), y no es adecuado priorizar aspectos personales sobre los profesionales. Además, siempre que coexistan en el mismo lugar personal del ámbito público y privado, siempre prevalece el personal público, que debe ser atendido en primer lugar. De forma general, se usará la fórmula de cortesía usted.

3. El protocolo oficial

 **HILO CONDUCTOR**

La acogida de los representantes de la entrega de premios Fundación Princesa de Girona ha propiciado que Belinda deba garantizar la correcta actuación del personal de sala del restaurante Massana. Para ello, ha facilitado a cada uno de los integrantes un dosier donde se recogen cada una de las premisas dadas

Continúa en página siguiente >>

<< Viene de página anterior

sobre los tratamientos que dar a las autoridades que nos visitan. Se espera que sea todo un éxito dada la profesionalidad del equipo de sala.

La organización de eventos públicos oficiales hace que sea necesaria la imposición de un protocolo específico. En concreto, el denominado como protocolo oficial. Del mismo modo, la presencia de autoridades en actos no oficiales hace inevitable la aplicación de dicho protocolo; de ahí la importancia de su conocimiento.

El protocolo oficial viene dado por la descripción del ya citado Real Decreto 2099/1983, de 4 de agosto, por el que se aprueba el Ordenamiento General de Precedencias en el Estado.

Dicho reglamento establece los procesos de ordenamiento tanto en **actos de carácter oficial** organizados por la Corona, Gobierno o la Administración del Estado, comunidades autónomas, etc., así como **actos de carácter especial** organizados por determinadas instituciones, organismos o autoridades.

Son muchos los datos aportados por dicho reglamento, que se acogen, a su vez, a la redacción del denominado como **Código de Ceremonial y Protocolo.**

 PARA SABER MÁS

Puedes consultar el Código de Ceremonial y Protocolo para conocer cada una de las normas indicadas para su cumplimiento, accediendo aquí:

https://redirectoronline.com/hota004po0102

ACTIVIDAD COMPLEMENTARIA

1. Indaga sobre el Código de Ceremonial y Protocolo, indicando cuáles son algunos de los tratamientos utilizados para dirigirnos a las autoridades competentes que en él se recogen.

4. El protocolo empresarial

☞ **HILO CONDUCTOR**

Son muchas las empresas que se reúnen en el *Mobile World Congress* de Barcelona, esto propicia la organización de reuniones de grandes empresas, lo que requiere del cumplimiento de una serie de protocolos a fin de facilitar la interrelación entre las empresas. Belinda es una de las encargadas de gestionar dicha interrelación, en la que destaca el empleo de la cortesía como elemento de unión.

El protocolo oficial está regido por normativa, por lo que su aplicación, aunque compleja, solo requiere del seguimiento de la normativa dada. En el caso del protocolo empresarial no existe una normativa que lo regule, pero sí unas pautas y códigos que lo regulan y facilitan la interrelación.

Conocer dichos códigos es fundamental, y tienen como base los principios globales de cortesía e indumentaria, así como el respeto de acuerdo con el cargo o jerarquía sustentada.

La empresa será la responsable o encargada de designar las pautas que imponer en la indumentaria, tratamiento hacia los superiores y relaciones entre trabajadores, cuál debe ser la actuación frente a la redacción de texto o incluso la atención telefónica. Por tanto, son muchos los elementos que protocolizar y que, en suma, propiciarán una imagen corporativa.

4.1. Principios básicos del protocolo empresarial

La competitividad y globalización en el ámbito empresarial hacen necesaria la implantación de medidas protocolarias. Describir pautas de vestimenta, indicar el tratamiento entre mandos o entre trabajadores y mandos e incluso entre trabajadores del mismo rango son principios o pautas que, sin duda, forman parte del acto protocolario propio de las empresas. Además, la actuación frente a la imposición de horarios o incluso el diseño o imagen de la empresa pueden formar parte de la imposición o desarrollo de un protocolo propio.

El protocolo empresarial puede verse sometido a cambios momentáneos, asociados a distintos factores (internos y externos), de lo que son ejemplo las medidas implantadas de forma protocolaria en torno al tipo de saludo durante la pandemia producida por el SARS-CoV-2.

Las necesidades comunicativas entre empresas plantean la necesidad de establecer criterios comunes, independientemente del tipo de empresa, localización o ámbito productivo. Para ello, se establecen los siguientes principios o criterios:

- **Tradiciones y costumbres:** la empresa debe disponer de información sobre tradiciones y costumbres culturales y empresariales de los distintos lugares a los que se desplaza, a fin de actuar de forma correcta. No todas las costumbres indican un procedimiento igualitario en el saludo, la despedida, el orden de acceso, etc.
- **Vestimenta:** pese a que la empresa puede indicar como correcta la imposición de medidas globalizadas (uso de chaqueta y corbata, falda para mujer, pelo largo recogido y aseado, etc.), la visita de empresas

culturalmente disyuntivas puede requerir de la adaptación de medidas específicas (uso de pañuelo, uso de la kipá, etc.).

- **Distinción estamental:** es necesario conocer los distintos estamentos que forman parte de la estructura de la empresa a la que se visita, así como, en algunos casos, la división gubernamental o política. De esta forma, se propicia el correcto trato de las personas con las que se tiene que interactuar.

- **Código de actuación:** saber actuar frente a la presentación de un trabajador, cómo dirigirse a tu superior o llevar a cabo la exposición de tus ideas en un acto o presentación es fundamental y forma parte de las pautas establecidas por protocolo. Algunos ejemplos de estas pautas de actuación son las siguientes:

  - Tratamiento a directivos de usted, pudiendo ser tuteados siempre que así esté establecido en ámbito privado (tratamiento mixto).
  - La persona que solicita una reunión es la que normalmente se desplaza hasta el lugar de reunión y no al contrario. Es decir, si solicitas reunirte con un directivo o compañero, serás tú el que te desplaces hasta su puesto.
  - En reuniones formales, la persona que recibe al solicitante de la reunión se pondrá de pie para saludar, a no ser que dicha persona sea una mujer, en cuyo caso permanecerá sentada.
  - En las reuniones formales con múltiples participantes, el anfitrión presentará al resto de participantes.
  - En reuniones informales, el saludo no requiere que el anfitrión se levante ni que corte una conversación telefónica ya en curso.
  - Las discrepancias surgidas deberán ser comentadas en privado y los elogios en público.

IMPORTANTE

Algunas situaciones especiales pueden dictaminar la necesidad de implantación de protocolos específicos. Un claro ejemplo son los protocolos empresariales adaptados para hacer frente a situaciones de riesgo, como puede ser una pandemia, la actuación en caso de incendio o la actuación frente a una catástrofe natural.

TAREA 1

El volumen de trabajo recaído en Belinda hace necesario recordar a alguno de sus compañeros algunos de los principios que tener presentes para una correcta atención, y cumplir así con los protocolos generales.

Sabiendo que los actos a los que Belinda y sus compañeros deben hacer frente son de carácter empresarial y privado, ¿qué pautas consideras imprescindibles y, por tanto, Belinda debe hacer llegar a sus compañeros?

Justifica tu respuesta.

- -

5. La comunicación en el protocolo

 HILO CONDUCTOR

Belinda llega hasta el hotel en el que se va a alojar durante el congreso, reconociendo a alguno de los participantes, lo que propicia un primer acto de presentación. Para ello, Belinda se acerca hasta la persona de mayor edad, le brinda su mano, mirándolo a los ojos y haciendo un primer gesto de reverencia. Se trata del fundador de una importante empresa tecnológica.

Su actuación brinda un primer contacto exitoso que facilitará una posterior reunión o acercamiento.

- -

La implantación de medidas protocolarias tiene como finalidad propiciar la comunicación. Por tanto, el acto comunicativo se relaciona de forma directa con el protocolario, pues el protocolo es una herramienta de comunicación que facilita un mensaje.

En la actualidad, el acto comunicativo es vital para la competitividad de una empresa u organización. No es un acto unidireccional, sino que la interactuación asociada al uso de blogs, redes sociales, plataformas, etc., hace que la comunicación sea bidireccional y, por tanto, las pautas o protocolo comunicativo no solo deben plantear cómo ofrecer un mensaje, sino también qué responder ante posibles interactuaciones de los usuarios o clientes.

Las acciones comunicativas referidas a la transmisión de información usan técnicas de comunicación verbal y no verbal, y es este último un método que cobra especial importancia dada su globalidad, para el cual los gestos, imágenes y simbología utilizada son herramientas destacadas. No obstante, la comunicación verbal también es notoria, y facilita la transmisión directa de información, por lo que estimar cómo debe ser su desarrollo también es una acción que contemplar.

La comunicación como acto protocolario debe aportar un valor añadido a la empresa u organización y, por tanto, su descripción no debe ser aleatoria. Se debe establecer una metodología correcta en la que la categoría de la empresa, el tipo de acto organizado o el tipo de individuo al que se dirige serán elementos que considerar. Por tanto, la comunicación como elemento por protocolizar debe obedecer a una estrategia global.

En el ámbito de la hostelería y turismo y, en concreto, en el área profesional del alojamiento, la imagen es fundamental, y se convierte en parte de la estrategia comunicativa de la empresa o entidad mediante elementos como la uniformidad seleccionada o la gesticulación del individuo.

La uniformidad indicada por la empresa forma parte de la comunicación no verbal asociada a estrategias de protocolo propias de la empresa u organización, que facilitan un mensaje directo hacia el receptor.

 **RECUERDA**

La uniformidad forma parte de la estrategia de protocolo comunicativo de toda empresa.

5.1. Comunicación no verbal

Los gestos, posturas o miradas, la velocidad al hablar o el tono de voz o incluso la distancia personal entre los interlocutores son elementos implicados en la comunicación no verbal y, por tanto, un uso adecuado de ellos se convertirá en un elemento estratégico en la comunicación.

La comunicación no verbal es una herramienta comunicativa por sí misma; no obstante, también es utilizada para dar énfasis a la comunicación verbal.

Como elementos significativos en la comunicación no verbal, es posible destacar los siguientes:

Emblemas
- Se trata del uso de palabras clave o gestos admitidos por un colectivo. Un ejemplo es el uso del pulgar hacia arriba como símbolo de aprobación.

Ilustradores
- Se trata de gestos utilizados para reforzar la comunicación verbal, facilitando el entendimiento del mensaje. Un ejemplo es hablar con la mano abierta y la palma hacia arriba, dando a entender una mayor cercanía u ofrecimiento.

Reguladores
- Se refiere a gestos utilizados para facilitar la ordenación durante la exposición del mensaje verbal. Empleos al respecto son los gestos de afirmación o negación realizados con la cabeza.

Adaptadores
- Se refiere a aquellos gestos que dan a entender la predisposición frente a una acción. Por ejemplo, ofrecer o dar la mano, remangarse, etc.

5.2. Comunicación verbal

Como apuesta por la implantación de un correcto acto comunicativo basado en la comunicación verbal, es importante contemplar tanto el medio en el que se produce el acto como las intenciones de comunicación, la relación entre interlocutores o el tiempo disponible para llevar a cabo el proceso. Por tanto, una estrategia comunicativa basada en el uso de la palabra partirá de un saludo y presentación adecuados, que son elementos estratégicos por implantar. Son parámetros básicos que tener presentes al respecto los siguientes:

- **Pensar de forma previa lo que se va a decir:** es necesario establecer de forma previa qué se quiere decir, determinar las expresiones que usar, concluir qué es lo importante, estimar prioridades, etc.
- **Facilitar la información necesaria:** durante el proceso comunicativo se debe dar respuesta a cada una de las preguntas, dudas o quejas que el interlocutor nos plantee. Se debe tener presente no desvirtuar el mensaje o idea que se tenía pensado transmitir.
- **Utilizar lenguaje positivo:** utiliza frases positivas, evitando el uso del no. Muestra un trato agradable ante las peticiones. Así, por ejemplo, en lugar de decir: "Lo lamento, pero no es posible", se optaría por "haré todo lo posible" o "en cuanto sea posible".
- **Hacer uso de un nivel lingüístico adecuado:** para propiciar que el mensaje llegue al receptor, se adoptará un lenguaje apropiado de acuerdo con el nivel cultural o lingüístico del público al que se dirige.

 **VÍDEO**

En este vídeo puedes observar estrategias a tener presentes en la comunicación verbal y no verbal, con el fin de propiciar una comunicación eficaz. Puedes acceder al mismo desde aquí:

https://redirectoronline.com/hota004po0103

6. Resumen

El desarrollo de la actividad hostelera requiere conocer las pautas adecuadas de atención, propiciando la aceptación del cliente o usuario. Para ello, es necesario conocer conceptos como:

Protocolo
- Conjunto de reglas establecidas por norma o por costumbre para ceremonias y actos oficiales o solemnes.

Precedencia
- Orden de prelación entre asistentes a un acto en el que de forma general asisten autoridades.

Las necesidades organizativas del sector hacen necesario, a su vez, diferenciar entre:

Protocolo oficial
- Implantado en actos de carácter oficial o actos no oficiales a los que asisten autoridades, descrito por, entre otros, el Real Decreto 2099/1983, de 4 de agosto, y el Código de Ceremonial y Protocolo.

Protocolo empresarial
- Implantado en todo acto organizado, facilita la comunicación y organización de las empresas. Sus especificidades hacen referencia a tradiciones y costumbres, vestimenta, distinción estamental y código de actuación.

La imposición de uno u otro tipo de acto protocolario requiere de una actuación adecuada, dentro de la cual es necesario diferenciar entre comunicación verbal y no verbal, que se definen como:

Comunicación verbal
- Basada en el uso de la palabra, partirá de un saludo y presentación adecuados, lo que requiere del uso de un lenguaje positivo y adaptado al nivel lingüístico de los participantes, dar respuesta a posibles preguntas, etc.

Comunicación no verbal
- Los gestos, posturas, distancia personal o tono empleado son elementos que tener presentes en el proceso de comunicación no verbal, dentro de la cual son significativos los emblemas, ilustradores, reguladores y adaptadores.

Ejercicios de autoevaluación
Unidad de Aprendizaje 1

1. Indica si son verdaderas o falsas las siguientes afirmaciones:

a. El protocolo no tiene efecto en las indicaciones dadas según las costumbres.

- Verdadero
- Falso

b. El orden de precedencia no se considera importante para los actos oficiales y, por tanto, no se tendrá presente en el sector hostelero.

- Verdadero
- Falso

2. La presidencia se corresponde con:

a. La persona que preside un acto.
b. La autoridad de mayor rango en un evento.
c. La persona que ostenta un cargo nobiliario.
d. La precedencia.

3. En la actualidad, ¿qué normativa describe el tratamiento dado a autoridades y personalidades?

a. Directiva 2014/24/UE del Parlamento Europeo y del Consejo de 26 de febrero de 2014.
b. Real Decreto 2099/1983, de 4 de agosto de 1983.
c. Reglamento 852/2004 del Parlamento Europeo y del Consejo, de 29 de abril de 2004.
d. Ley 15/2011, de 16 de junio de 2011.

4. En un mismo acto...

a. ... el personal que representa al sector público tendrá preferencia sobre los representantes del sector privado.
b. ... la categoría personal prevalece sobre el cargo ostentado.

c. ... teniendo el mismo cargo, prima la visita sobre el anfitrión.

d. ... ocupará el lugar del representado el personal que lo susti-tuye, pues la representación confiere precedencia.

5. En torno a la edad, es necesario indicar que:

a. La persona más joven tiene preferencia sobre la persona de mayor edad.

b. La persona de mayor edad tiene preferencia sobre la persona más joven.

c. Todas las personas mayores de edad (18 años según la le-gislación española) tienen la misma prioridad y precedencia.

d. Todas las opciones son incorrectas.

6. Las autoridades religiosas...

a. ... tienen preferencia sobre las autoridades civiles.

b. ... pierden sus privilegios siempre que no estén en su ámbito jurisdiccional.

c. ... no tienen preferencia sobre las autoridades civiles o privadas.

d. Las opciones a y b son correctas.

7. El protocolo oficial...

a. ... se deberá cumplir en los denominados eventos públicos oficiales.

b. ... se deberá cumplir en aquellos actos en los que existe la presencia de autoridades.

c. ... se reserva de forma exclusiva para los actos a los que asistan miembros de la Familia Real.

d. Las opciones a y b son correctas.

8. El protocolo empresarial viene impuesto por...

a. ... el denominado Código de Ceremonial y Protocolo.

b. ... la propia empresa, y tiene como base los principios globales de cortesía e indumentaria.

c. ... normativa, reflejándose en el Reglamento 56/2014, de 5 de febrero de 2014.

d. Todas las opciones son incorrectas.

9. **El protocolo empresarial permite establecer aspectos relacionados con:**

    a. El tratamiento dado a los directivos de la empresa.
    b. La actuación frente a la solicitud u organización de una reunión.
    c. El saludo que llevar a cabo ante directivos o compañeros.
    d. Todas las opciones son correctas.

10. **Indica cuáles de las siguientes acciones se consideran estratégicas para implantar una correcta comunicación verbal:**

    a. Pensar de forma previa lo que se va a decir, facilitando así la información necesaria.
    b. Utilización de lenguaje negativo.
    c. Usar un nivel lingüístico elevado en todo caso, lo que mostrará profesionalidad.
    d. Todas las opciones son correctas.

Aplicación del protocolo en hostelería

Contenido

Objetivos

El objetivo general de esta Unidad de Aprendizaje es:

→ Reconocer los principios de protocolo asociados al ámbito hostelero.

Los objetivos específicos de esta Unidad de Aprendizaje son:

→ Analizar el protocolo asociado a la gestión y desarrollo de la actividad propia de los establecimientos de restauración.

→ Enumerar los protocolos asociados a las necesidades de menaje en un restaurante.

→ Marcar un servicio de comida según el tipo de oferta gastronómica.

→ Diferenciar las necesidades de montaje de mesa según tipo de servicio.

→ Establecer precedencias y ubicación de invitados.

→ Identificar protocolos que seguir en la gestión de una cocina.

1. Introducción

La percepción que adquiere un cliente variará según múltiples factores, como puede ser su educación o su cultura. Por ello, actuar bajo estándares de protocolo prefijados facilitará un mayor acierto y entendimiento. Dichos estándares atenderán a costumbres o hábitos aceptados como oficiosos.

La categoría del establecimiento, la tipología de servicio y oferta o incluso el tipo de asistentes a un evento hacen necesario imponer una actuación específica, en la que el denominado como **protocolo social** desempeña un papel fundamental.

Saber cómo atender a un cliente, así como detectar sus necesidades, facilita el proceso de servicio, en el cual es imprescindible conocer los principios protocolarios asociados al menaje, al proceso de servicio o incluso el ordenamiento que dar a la recepción y ubicación de invitados.

Se continuarán poniendo como ejemplo los casos a los que se enfrenta Belinda en las necesidades de gestión organizativa y de protocolo acontecidos en la gestora Hostel MJ Group, como, por ejemplo, la planificación del montaje de mesas destinadas a la celebración de un importante aniversario.

2. Aspectos básicos de protocolo en restaurantes

👉 HILO CONDUCTOR

En el restaurante Maireles el cliente es recibido por el maître, que lo acompaña hasta su mesa. A su vez, el jefe de sector o jefe de rango siempre está atento, ofreciéndose para ayudar con la retirada de los abrigos o acomodarlos. Esto hace que la primera impresión del cliente sea excepcional, y agiliza, además, el proceso.

En el proceso de atención de un restaurante, tan importante es la distribución, diseño y decoración de las estancias como la atención prestada por el personal. Pese a que la categoría del establecimiento puede afectar en dichos procesos, se consideran como aspectos básicos que tener presentes los que se presentan a continuación.

Proceso de recepción

El cliente será recibido por la máxima autoridad del establecimiento (*maître,* segundo *maître,* jefe de sector, etc.), que lo acompañará hasta su mesa o lugar donde se llevará a cabo la degustación de insumos.

De disponer de guardarropa, se procederá a la retirada y guarda de abrigos, así como de otros posibles complementos (paraguas, bolsos, etc.).

Se acomodará a cada cliente, dando prioridad a la mujer sobre el hombre.

Durante el proceso de recepción, se empleará la fórmula de cortesía indicada por el restaurante, normalmente, usted, así como el uso de frases hechas prefijadas.

La acogida del cliente puede estar acompañada del ofrecimiento de un primer aperitivo como agasajo.

Acción del personal

El personal tendrá que cumplir con las siguientes instrucciones:

- ➲ No fumar, beber o comer delante del cliente.
- ➲ No hacer uso del teléfono móvil personal durante el trabajo.
- ➲ No sentarse delante del cliente ni poner las manos dentro de los bolsillos.
- ➲ No dar la espalda al cliente.

- Evitar discusiones delante del cliente, así como contradecir al cliente de forma directa.
- Adoptar una actitud positiva durante el servicio, incluso en los casos de resolución de incidencias o reclamaciones.
- Usar un tono de voz adecuado, que permita el entendimiento, así como un nivel lingüístico adaptado al nivel del cliente.
- Evitar hacer comentarios personales a los clientes.
- Mostrar una atención continua hacia el cliente.

La sonrisa es un elemento fundamental en la percepción positiva del cliente.

Uniformidad

En torno a la uniformidad, se debe tener en cuenta:

- El personal presentará el uniforme facilitado, siempre limpio, sin arrugas ni roturas.
- El uso del uniforme será exclusivo para la empresa, quedando prohibido hacer uso del uniforme fuera del establecimiento, incluyendo el desplazamiento hasta el lugar de trabajo.
- El pelo y complementos no deberán suponer un riesgo; por tanto, se suele establecer como protocolo el uso de pelo recogido y la retirada de complementos (anillos, colgantes, pendientes voluminosos, etc.).

De forma clásica, el uniforme del personal de sala permitía reconocer su cargo o puesto que ocupa.

Servicio

Durante el proceso de servicio, se deberán tener presentes los siguientes principios:

- Dirigirse al cliente con respeto, usando frases de cortesía, así como el tratamiento acordado por la empresa. Normalmente, el usted es el tratamiento estándar.
- Evitar tocar los vasos y copas por los bordes, haciendo uso de bandejas en el proceso de retirada y servicio en mesa.
- Los cubiertos deben ser cogidos por el mango, y es, además, importante el uso de la muletilla para su transporte.
- Si algún tipo de enseres cae sobre el suelo, este debe ser repuesto antes de su recogida.
- De existir carta para la presentación de la oferta culinaria, esta debe ser entregada abierta, facilitando así su visualización. Además, se debe proceder a explicar tantos elementos como requieran de descripción (menú especial, recomendación del día, ingredientes, alergias, etc.).
- Los platos no serán retirados hasta que todos los comensales hayan finalizado el consumo.
- Antes del servicio de postres, se pasará el recogemigas (si procede), pudiendo, además, retirar el platillo de pan (por la izquierda del comensal), siempre que el servicio de postre no tenga asociado su consumo.
- La presentación del postre seguirá las mismas pautas que el servicio del resto de platos (servicio y retirada por la derecha del comensal en el caso de aplicar un servicio de emplatado a la americana o desde el gueridón o carro de postres).

El uso de la bandeja se asocia con una mayor profesionalidad, y facilita, además, el proceso de servicio y la retirada de insumos.

NOTA

A estos principios, hay que añadir los propios asociados a la toma de comanda, marcaje, servicio de alimentos y bebidas, presentación de vinos, etc., todos ellos desarrollados en profundidad a lo largo de los siguientes apartados.

- -

Despedida

El servicio culmina con la despedida del cliente, que debe ser preparada desde el momento en el que este finaliza el consumo de alimentos y bebidas. Será necesario indicar como principios correctos los siguientes:

- La cuenta será entregada una vez que el cliente la solicite, sin demorar este proceso.
- No retirar la última de las copas o vasos de los clientes hasta que estos abandonen la mesa.
- Mostrar interés hacia el cliente en torno a su opinión sobre la comida y el servicio prestado, solventando alguna incidencia que pueda surgir al respecto.
- Acompañar al cliente hasta la salida del establecimiento, aprovechando para agradecerle su visita, llevando a cabo una despedida efectiva con frases hechas como "hasta pronto", "encantado de haberles atendido", "que pasen una buena tarde/noche", etc.

El proceso de facturación debe ser exhaustivo, ya que un error facilitará una última sensación negativa en el cliente.

3. Protocolo en el menaje

👉 **HILO CONDUCTOR**

El cambio de oferta gastronómica del restaurante Maireles ha requerido de la compra de nuevo menaje a fin de cubrir de forma correcta el servicio que llevar a cabo. Así, se han adquirido tenedores para gulas y pinzas/tenazas para marisco, que son elementos característicos y necesarios para cubrir las necesidades de protocolo propias del servicio de productos como el bogavante, la cigala, la langosta o las gulas.

Tanto el tipo de menaje utilizado como su disposición en los aparadores y mesas deben obedecer a los principios dados por protocolo. Protocolo que, por costumbre o uso, ha hecho que se refleje de forma general en las distintas culturas. En nuestro caso, dicho protocolo se describirá o atenderá a los principios o costumbres europeos. No obstante, ten presente la existencia de otras culturas, como la asiática o musulmana, en la que existe un menaje propio.

Dada la diversidad de menaje propio de este tipo de establecimientos, no solo es fundamental conocer su correcto uso, sino que también es fundamental protocolizar su disposición, garantizando una mayor agilidad y coordinación en los procesos organizativos y de servicio.

De forma generalizada, el menaje de un establecimiento de restauración permite diferenciar entre las siguientes familias.

Vajilla

Está representada por los platos, tazas, fuentes y demás elementos dispuestos para el servicio de los alimentos. De materiales diversos, es representativo el uso de materiales cerámicos. Su diseño y tipo atenderá a la oferta del establecimiento, decoración o incluso modalidad de servicio.

Dentro de este tipo de elementos es posible diferenciar la vajilla de servicio, en la que son representativas las fuentes, soperas, bandejas, etc.

Cristalería

Está representada por los vasos y copas dispuestos para el servicio de bebidas. Su variedad y tipos es muy amplia, al igual que los materiales utilizados para su fabricación. No obstante, el vidrio o cristal es uno de los más característicos. Es posible diferenciar un amplio abanico de este tipo de menaje, por lo que su adquisición atenderá al tipo de bebida ofertada. Su clasificación incluye la descripción de piezas con nombre propio, como pueden ser la copa borgoña, la copa burdeos, el catavinos, etc., incluso existe el diseño característico de copas o vasos según el tipo de bebida, de lo cual es un ejemplo el vaso o copa para café irlandés.

 **NOTA**

La jarra de decantación también se incluye dentro de este grupo, dadas las características asociadas a los materiales de fabricación y a las necesidades de mantenimiento y uso.

Cubertería

Está representada por los utensilios requeridos tanto para el servicio de los alimentos como para su consumo. El acero inoxidable es el material más característico en este tipo de elemento. Un mismo tipo de utensilio (cuchara, tenedor, cuchillo, etc.) puede presentar distintos diseños.

Existen piezas con nombre propio, así como piezas destinadas al servicio, que posibilitan una clasificación más exhaustiva, en la que son representativos los casos de servicio, las pinzas y las palas, etc.

Lencería

Está representada por las piezas destinadas a cubrir las mesas, gueridones o incluso la superficie de trabajo de aparadores. Además, incluye elementos o piezas como el lito, que es un elemento fundamental para el servicio de alimentos y bebidas. Como piezas significativas, se encuentran las siguientes: el muletón, el mantel, el cubremantel y las servilletas. Además, en los servicios de *buffet* o montaje de mesas especiales, cobran especial protagonismo las denominadas **tiras,** que son las piezas plisadas o no utilizadas para cubrir las patas de las mesas o tableros. Su fabricación suele presentar distintos modelos y materiales, como el tergal, el satín, etc.

Petit menage

Como *petit menage* se presentan aquellos elementos utilizados para complementar el servicio, de los cuales son representativos los saleros, pimenteros, tarros de mostaza y kétchup, enjuagadedos o aguamanil, etc.

Las características de estos elementos atenderán a la categoría del establecimiento, así como al tipo de servicio prestado.

 **NOTA**

Cuando se hace mención al protocolo asociado al menaje, es necesario diferenciar entre las especificaciones en el uso, como la disposición dada en su montaje o presentación. Además, también es posible citar el protocolo adoptado para la preparación, guarda y mantenimiento de dicho menaje.

3.1. Protocolo en el uso del menaje

El servicio de alimentos y bebidas reconoce el uso de un menaje específico. Así, es posible diferenciar entre los distintos tipos de cuchillos, tenedores o cucharas, o los distintos tipos de copas y platos, etc. Por protocolo, es posible diferenciar un uso específico para cada uno de estos elementos.

De forma detallada y a modo de ejemplo, es posible citar los siguientes ejemplos:

- **Servicio de pasta larga:** requiere del uso de tenedor trinchero y cuchara sopera.
- **Servicio de pasta corta:** requiere del uso de tenedor y cuchillo trinchero.
- **Servicio de pescado con o sin salsa:** requiere del uso de pala de pescado y tenedor de pescado.
- **Carnes:** requiere del uso de cuchillo y tenedor trinchero.
- **Ensaladas:** requiere del uso de cuchillo y tenedor trinchero.
- **Sopas y consomés:** requiere del uso de cuchara sopera o de consomé.
- **Revueltos y tortillas:** requiere del uso de tenedor y cuchillo trinchero.
- **Postre con base de hojaldre:** requiere del uso de cuchara, cuchillo y tenedor de postre.
- **Postres con base láctea o gelatina:** requiere del uso de cuchara de postre.

 ACTIVIDAD COMPLEMENTARIA

2. Busca información sobre el menaje propio requerido de forma exclusiva para algún alimento o servicio como, por ejemplo, el servicio tradicional de gulas, en el que se requiere de cazuela de barro y tenedor de madera.

3.2. Protocolo en la disposición en montaje o presentación del menaje

La disposición de los platos, cubiertos y copas/vasos en la mesa debe seguir un patrón. Así, el montaje general hace que, vestida la mesa (dispuesto el muletón, mantel y cubremantel), se coloque el bajo plato o plato base. Se colocará a dos centímetros del borde de la mesa y, si se dispone de emblema, este quedará enfrentado al comensal. El plato de pan se coloca a la izquierda del bajo plato y a la altura del borde superior.

En cuanto al resto de elementos presentes en el servicio de mesa, se consideran los siguientes principios:

➲ **Marcado de cubiertos.** Los principios a tener presentes son los siguientes:

◖ Los cubiertos se colocan a la misma altura que el bajo plato (2 cm del borde de la mesa), considerando que:

  ⇕ La hoja del cuchillo siempre mirará hacia dentro.
  ⇕ El cuchillo de pan se pondrá sobre la derecha del plato de pan y con la hoja mirando a la izquierda.
  ⇕ De requerir de marcado completo, se tiene presente que el último cubierto utilizado será el que quede más próximo al plato base.

◖ De forma general, la disposición de los cubiertos (izquierda o derecha) atiende al tipo de alimento consumido. No obstante, son generalidades al respecto las siguientes:

  ⇕ De requerir cuchillo trinchero y tenedor trinchero, el cuchillo irá a la derecha del plato base y el tenedor a la izquierda.
  ⇕ En el servicio de pasta larga, la cuchara quedará al lado izquierdo del plato base y el tenedor en el lado derecho.
  ⇕ Cuando se requiere solo del marcado de un único cubierto, este irá al lado derecho del plato base.
  ⇕ Los cubiertos destinados al postre, siempre que sean marcados de forma previa, se podrán disponer en la parte superior del plato base.

◖ Si el marcado de los cubiertos se lleva a cabo en cada servicio, se deberá hacer uso de una muletilla.

➲ **Disposición de cristalería.** Se tienen como indicaciones a tener presentes las siguientes:

◖ La forma básica de montaje incluirá la copa de agua y copa de vino.
◖ Las copas se situarán en la parte superior derecha del bajo plato, quedando más a la izquierda aquella copa de uso más habitual o frecuente.
◖ De incluir un montaje completo de copas, su orden será, de izquierda a derecha, el siguiente: copa de agua, de vino blanco, de vino tinto, de cava y de vino dulce. No obstante, este orden puede verse modificado

según el montaje. Existen distintas variantes, como puede ser en diagonal, en línea recta, en doble fila, etc.

- **Disposición de lencería.** Sabiendo que el orden de disposición de la lencería requerida para el servicio de mesa incluye muletón, mantel y cubremantel, y es este el orden en el que se deben disponer, la disposición de la servilleta también es fundamental, para lo cual se indica que la disposición de la servilleta se llevará a cabo haciendo uso de unas pinzas, y se dejará sobre el bajo plato, o platos en el caso de que el montaje haya sido completo.
- **Disposición *petit menage*.** En caso de requerir de *petit menage* y centro foral, se dispondrá en el centro de la mesa, desde donde será accesible para todos los comensales, por lo que se debe tener presente el número de unidades dispuestas. Dichos elementos no deberán inferir en el desarrollo del servicio, por lo que su diseño deberá ser adecuado.

El **tipo de servicio** que cubrir también será determinante en el tipo de montaje que llevar a cabo. De forma generalizada, se pueden establecer los siguientes principios:

- **Servicio a la carta:** para el servicio a la carta, se dispondrá para cada comensal:

  - Plato base
  - Copa de agua y vino tinto
  - Plato de pan
  - Cubiertos trincheros
  - Servilleta

- **Servicio banquete ya marcado:** para el servicio de banquete, ya marcado, se dispondrá para cada comensal:

  - Plato base, así como plato sopero, siempre que el primero de los platos por servir lo requiera.
  - Marcar con cada uno de los cubiertos y copas requeridos.
  - Disponer de platillo y cuchillo de pan.
  - Incluir *petit menage* y centro decorativo.

- **Servicio *buffet* para almuerzo y cena:** para el servicio de *buffet* de almuerzo o cena, se dispondrá para cada comensal:

  - Plato de presentación.
  - Servilleta.
  - Cubiertos trincheros.
  - Podrá incluir copa o vaso de agua.

○ **Servicio *buffet* para desayuno:** para el servicio de *buffet* destinado al servicio de desayunos, se dispondrá para cada comensal de:

  ○ Un plato de postre, como plato base.
  ○ Un plato, taza y cuchara de café.
  ○ Cuchillo y tenedor de postre.
  ○ Vaso o copa para zumo.
  ○ En el *petit menage,* será característica la presentación de azucarillos, así como monodosis de productos propios de este tipo de oferta (café soluble, cacao, infusiones, etc.).

3.3. Protocolo *mise en place* del menaje

El proceso u operaciones necesarias para poner a punto toda la maquinaria, herramientas, mobiliario, útiles y, en definitiva, todas las instalaciones utilizadas para el desarrollo de un posterior servicio se recoge bajo la expresión ***mise en place;*** expresión francesa que se puede traducir como **puesta a punto.**

La puesta a punto o la preparación del servicio es el primer paso que llevar a cabo para ofrecer una oferta gastronómica con el mayor éxito posible, evitando trabajos innecesarios y rentabilizando los desplazamientos y acciones.

El objetivo es lograr un servicio rápido y eficaz, que pueda proporcionar una mayor satisfacción a los clientes y provocar un mayor número de ventas, más rentabilidad y beneficios.

Dentro de las operaciones previas a un servicio, se reconocen, de acuerdo con la esencia o mecánica de estas, las siguientes:

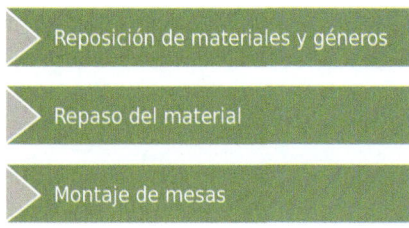

Reposición de materiales y géneros

Repaso del material

Montaje de mesas

Por tanto, la *mise en place* agrupa todas aquellas acciones organizativas que se realizan antes de la apertura del establecimiento a los clientes y, aun siendo propias de cada tipo de servicio y departamento, persiguen un mismo propósito: ofrecer un servicio de calidad.

Una correcta mise en place será fundamental para un servicio correcto y eficaz.

Reposición de materiales y géneros

El primer paso para acometer un proceso de *mise en place* requiere de la reposición de materiales y géneros. Este proceso será llevado a cabo por el ayudante y consistirá en reponer los aparadores y otros muebles auxiliares de todos los materiales y géneros que se van a utilizar durante el servicio. Los más importantes y comunes son:

Cristalería, loza y cubertería
- Deberán ser retiradas del *office* de cocina o almacén de material, donde estarán debidamente clasificadas y limpias.

Lencería
- Será retirada del Departamento de Lavandería o del almacén o armario, donde deberá estar debidamente doblada, planchada y clasificada.

Condimentos
- Se trata de los géneros que deberán estar presentes en el comedor durante el servicio: salsas frías, guarniciones, mantequillas, etc.

Repaso de material

El material, una vez lavado y secado, requiere ser sometido a un proceso de repaso escrupuloso para que todos y cada uno de sus componentes estén en perfecto estado de limpieza y conservación.

Al mismo tiempo, servirá para detectar posibles piezas en mal estado o defectuosas o, simplemente, que no reúnan las condiciones necesarias para las exigencias del servicio.

El proceso de repaso será representativo del tipo de material. Se diferencia entre los siguientes:

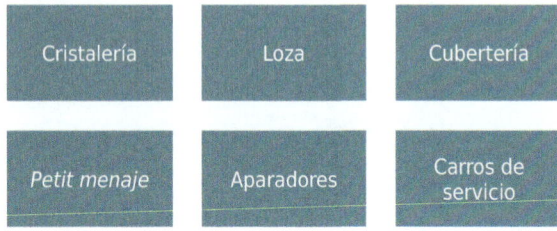

Cristalería

Los vasos y copas empleadas en el montaje del comedor son traídas del *office* o almacén. Requieren, para su repaso, de los siguientes pasos:

1. Habilitar en el salón un lugar donde llevar a cabo el proceso, debiendo incluir una mesa de apoyo, un recipiente con agua muy caliente, bandejas con lito y paño de repaso.
2. Impregnar las copas con el vapor de agua que genera el agua caliente.
3. Repasar con el paño la copa, evitando restos de pelusa, marcas de dedos, etc.
4. Depositar el material repasado sobre una bandeja cubierta por un lito. Si es posible, poner boca abajo.

Una vez abrillantadas las copas, se deberán manejar por la peana, evitando dejar marca de los dedos. Otra opción es hacer uso de guantes.

Loza

El transporte de los platos del *office* al comedor se hará con mucho cuidado, evitando su rotura o posibles accidentes.

Nunca se transportarán más de quince platos en una pila y siempre deberán ayudarse con el lito. Durante el proceso de repaso, se deberán considerar los siguientes principios:

1. Retirar cualquier plato que presente suciedad incrustada o grasas, salsas, etc., devolviéndolo al *office.*
2. Retirar los platos que presenten imperfecciones causadas por el uso, caídas, etc., que deberán ser descartados para el servicio.
3. Repasar con ayuda de un paño de hilo, haciéndolo girar sobre su propio eje. Se repasará tanto el anverso como el reverso.
4. No tocar en ningún caso los platos con las manos, para lo cual se hará uso de un paño.
5. En caso de presentar dibujo o anagrama, se deberá hacer coincidir, facilitando la posterior labor de colocación del plato en la mesa.

Cubertería

El transporte de la cubertería desde el *office* al comedor requiere del uso de bandejas, disponiendo los cubiertos ordenados y clasificados por tipos. Para el proceso de brillado, se requerirá el seguimiento de los siguientes principios:

1. Introducir los cubiertos en agua tibia, algo jabonosa.
2. Retirar los cubiertos del agua y proceder a secarlos con un paño de hilo, comenzando su repaso por la parte contraria al mango y terminando por este sin tocarlos con la mano.
3. Depositar los cubiertos de forma ordenada sobre una bandeja cubierta por un lito.
4. Los cubiertos se cogerán siempre por el mango, usando un paño para evitar, así, posibles marcas de dedos.

NOTA

Hay que tener especial atención en las púas de los tenedores, ya que muchas veces quedan restos de comida alojados en ellas.

Petit menage

Es muy importante efectuar diariamente en la *mise en place* un buen repaso del *petit menage,* ya que tanto la falta de alguno de los productos como una mala apariencia de estos causará una mala impresión al cliente. Para ello, se pueden establecer como pasos organizativos los siguientes:

1. Una vez recopilado todo el *petit menage* y ordenado, se solicitarán los insumos necesarios para su reposición.
2. Retirar los restos de alimentos de los recipientes, llevando a cabo un lavado exhaustivo de ellos, procurando siempre que sea posible el uso de detergentes, desinfectantes y agua caliente >82 °C.
3. Secar y repasar cada uno de los recipientes disponiéndolos de forma ordenada para su posterior recarga.
4. Tras la recarga, volver a repasar cada uno de los recipientes y disponerlos en el lugar requerido.

Aparadores

Cada uno de los aparadores deberá incluir el material necesario para el correcto desarrollo del servicio y, además, mostrar en sus estantes y parte superior un orden perfecto. Por tanto, a diario se deberá tener prevista la revisión del menaje del aparador, así como su orden, llevando a cabo un listado de todos aquellos insumos necesarios.

SABÍAS QUE...

El sistema organizativo propio de cada establecimiento hace posible diferenciar un protocolo específico en la organización del aparador. No obstante, en cuanto al orden dado a la cubertería, suele ocupar el primer lugar (cajones de izquierda a derecha) la cuchara sopera, seguida del tenedor trinchero, cuchillo trinchero, tenedor de pescado, cuchillo o pala de pescado, cuchara de postre, tenedor de postre, cuchillo de postre, cuchillo de mantequilla, cuchara de café o helado, cuchara de moka, etc.

Carros de servicio

El servicio en sala puede ser complementado con el uso de carros; con ello se pretende facilitar el servicio, y sirve al mismo tiempo como técnica de venta. Se diferencia entre:

- **Carro caliente:** para la puesta a punto del carro caliente se deberá partir de su repaso o limpieza, obteniendo así una limpieza, desinfección y brillo característico.
  Durante la limpieza hay que hacer desaparecer las posibles manchas de grasa o cualquier residuo o desperdicio que haya podido quedar adherido.
  Se deberán revisar los niveles de cada uno de los dispositivos integrados, como depósito de agua, gas, alcohol, etc., así como la situación de las mechas y las ruedas de desplazamiento, evitando así ruidos o fallos durante el proceso de uso.
- **Carro de postres:** caracterizado por presentar baldas y soporte para corte y limpieza de utensilios, su puesta a punto consiste en la revisión de su limpieza y desinfección, así como en la revisión de sus partes móviles, evitando así posibles focos de contaminación y ruidos en el desplazamiento. En caso de disponer de refrigeración, se revisarán los niveles de gas, hielo o cualquier otro medio por el que se genere el frío.
- **Carro de quesos:** para su puesta a punto, se llevará a cabo una limpieza exhaustiva a diario con el fin de eliminar el penetrante olor que este puede adquirir. Una vez limpio, se colocará un mantel o muletón humedecido para conservar la frescura de los quesos, el cual se cambiará a diario.
- **Carro de bebidas:** para la puesta a punto de este carro se procederá con un simple repaso de su superficie, eliminando posibles gotas o manchas producidas por el goteo de las botellas al servir. También se deberán

limpiar las botellas, incluyendo los golletes. Se revisarán los niveles de bebida, así como de hielo y otros insumos propios del servicio.

Los carros de servicio deberán ser revisados antes de su uso, asegurando su correcta limpieza, desinfección y reglaje.

 **NOTA**

Además de los útiles presentados, el servicio de sala también requiere del uso de otros como los *rechaud*, los cubos y portacubos o incluso los calientaplatos.

Todos ellos requieren de la revisión de los niveles de gas, estado de gomas, ruedas, etc., así como de un estado de limpieza y desinfección, por lo que se debe imponer un proceso de puesta a punto que así lo asegure.

Montaje de mesas

El montaje de mesas será tarea del jefe de rango. Esta tarea comienza con la organización y distribución de las mesas, teniendo presentes tanto la situación de la entrada o la luz del salón como las necesidades propias del servicio. El proceso describe los pasos presentados a continuación:

- ⮑ **Paso 1.** Distribuidas y colocadas las mesas, se comprobará su estabilidad, calzando las que así lo requieran.
- ⮑ **Paso 2.** Colocar los muletones, que deben quedar tensos, sin arrugas ni pliegues.

- **Paso 3.** Colocar el mantel, evitando manosearlo y arrugarlo. Se comprobará, en caso de que lleve anagrama, que este queda orientado hacia la puerta de entrada de los clientes.
- **Paso 4.** Colocar cubremantel (si es usado en el establecimiento) y cristalería, loza, cubertería, etc., teniendo presente que:

  - Los platos y cubiertos se pondrán siempre al filo de la mesa, el plato de pan a la izquierda.
  - Las copas se pondrán tomando como referencia el cuchillo trinchero.
  - Las servilletas se colocarán sobre el plato.

- **Paso 5.** Se alinearán las sillas, teniendo en cuenta que el mantel acaricie los bordes de las sillas, así como el marcaje de la presidencia. Si no hay otro medio por el que se indique, se procederá dejando la silla un poco hacia fuera.

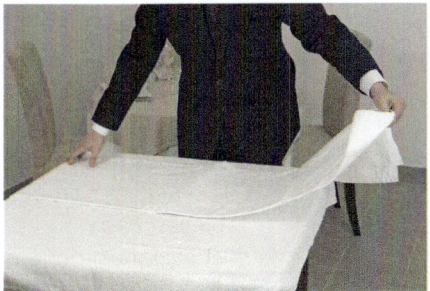

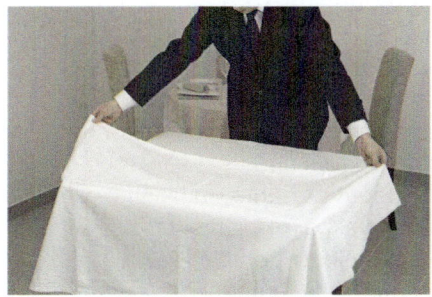
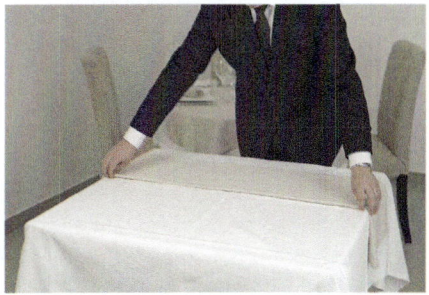

Continúa en página siguiente >>

<< Viene de página anterior

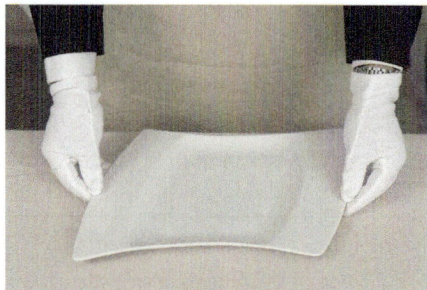

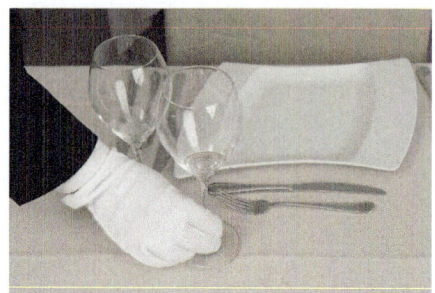

Ejemplo de proceso de montaje de mesa

4. Protocolo en el servicio

☞ HILO CONDUCTOR

Belinda observa que durante la toma de comanda llevada a cabo en el restaurante Maireles no se han aplicado las pautas correctas. De hecho, tras la llegada de un nuevo integrante a una de las mesas, una vez comenzado el servicio, el maître lleva a cabo una rectificación de la comanda original, incluyendo un nuevo servicio. Belinda hace saber al maître que, en este caso, por protocolo de servicio, debería haber confeccionado una nueva comanda tipo suite, explicándole la metodología que llevar a cabo.

La correcta marcha de un servicio requiere conocer los principios de protocolo asociados a este. La tipología del establecimiento o su sistema organizativo hacen que en algunos casos dicho protocolo sea excepcional. No obstante, basándonos en las especificaciones dadas para un sistema de restauración tradicional, el protocolo de servicio tendrá presentes los siguientes principios:

● **Servicio de alimentos y bebidas.** El servicio de bebidas primará sobre el de alimentos.
● **Modalidad de servicio.** El servicio de los alimentos y bebidas diferencia distintas modalidades de un protocolo específico, que permite diferenciar entre:

  ◐ **Servicio a la americana.** Las elaboraciones culinarias serán servidas por la derecha del comensal y vendrán emplatadas desde cocina.

  ◐ **Servicio a la rusa.** Las elaboraciones culinarias serán emplatadas a la vista del comensal, haciendo uso de mesa de apoyo o gueridón. La elaboración culinaria será servida por la derecha del comensal. De servir salsa, esta será servida a la inglesa, es decir, por la izquierda del comensal.

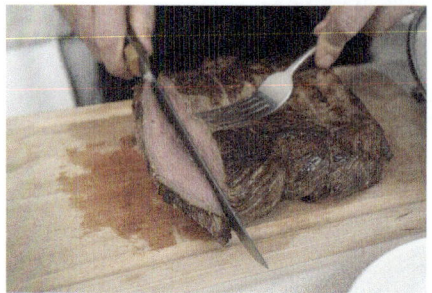

🔱 **Servicio a la inglesa.** Se servirán a petición del comensal. El servicio se llevará a cabo con bandeja o sopera en caso de cremas y sopas; siempre por la izquierda del comensal.

🔱 **Servicio a la francesa.** Técnica de servicio por la que el cliente se sirve desde su asiento los manjares, ofrecidos por el personal de sala, haciendo uso de una bandeja. Se abordará al cliente por la izquierda, y será el cliente, con ayuda de unas pinzas, el que se sirva. La fuente irá sobre el lito y el camarero o jefe de rango adoptará una postura correcta y clásica con la mano derecha colocada en la espalda y el cuerpo ligeramente inclinado.

- **Retirada o desbarase de mesa.** El proceso de desbarase de mesa requiere implantar los siguientes pasos:

  - Los platos y cubiertos serán retirados por la derecha del comensal, y no se acumularán más de tres o cuatro platos, utilizando para ello la técnica del barrido.
  - La copa de agua y vino, así como los platos de pan, no son retirados hasta el final del servicio o previa solicitud del cliente.
  - Retirados los servicios de pan, se pasará el recogemigas, eliminando al mismo tiempo posibles restos de comida y usando, para ello, las pinzas.
  - Para la retirada de las copas, se usará una bandeja, evitando en todo momento meter los dedos en ellas.
  - La retirada del plato de pan se realizará por la izquierda del comensal.

- **Servilleta.** Siempre que el cliente abandone la mesa de forma momentánea, se procederá a su doblado. De observar excesiva suciedad, dicha servilleta será sustituida.
- **Marcado de cubiertos.** De requerir del marcado de cubiertos durante el servicio, el proceso se llevará a cabo por la izquierda del comensal.
- **Servicio de vinos.** El primer paso para llevar a cabo un correcto servicio de los vinos es mostrar la botella al cliente para su aprobación, procediendo posteriormente a su apertura. Una vez abierta la botella, el vino también debe recibir la aprobación del cliente, para ello, se servirá una pequeña cantidad de vino. Se esperará a su aprobación antes de servirlo al resto de los comensales. Se procederá, a continuación, a servir al resto de clientes, llenando la copa como máximo hasta un tercio de su capacidad.

  El proceso de descorche de los vinos se realizará evitando movimientos bruscos de la botella y haciendo coincidir la etiqueta con el cliente, teniéndola siempre a la vista.

  Según el tipo de vino, el protocolo asociado a su servicio mostrará unas peculiaridades específicas. Así, por ejemplo, los vinos blancos requieren de cubo y portacubo para mantener la temperatura del vino. Los vinos de guarda suelen requerir de decantación o aireado, y se puede incluso emplear cestilla para el servicio, etc.

➲ **Servicio de café, digestivos o combinados en mesa.** En caso de servir café o infusiones en la mesa, siempre se deberá acompañar de un plato base. Normalmente, se utiliza el plato de postre.

El servicio de combinado en mesa requerirá del uso de bandeja o carro de bebidas en el que se llevarán las botellas de alcohol, y será servido a la vista del cliente. Las bebidas gaseosas o que complementan el combinado nunca serán servidas en su totalidad. Se prestará atención ante la retirada de las botellas vacías, que deben ser retiradas con ayuda de bandeja.

Si la mesa cuenta con mantel, los combinados y digestivos no requieren de posavasos para su servicio.

DEFINICIÓN

Técnica del barrido para desbarase de platos
El primero de los platos retirados servirá para retirar los restos de comida del siguiente, que será apoyado a continuación en el antebrazo.

4.1. Toma de comanda

El proceso de toma de comanda consiste en reflejar por escrito los deseos del cliente y es indispensable en los servicios de restaurante y bar, pues, gracias a ella, se pone en marcha el mecanismo mediante el cual se puede dar el servicio solicitado por el cliente.

Esta será clara, concisa y concreta, y además estará bien especificada, con el fin de evitar confusiones que puedan ocasionar retrasos en el servicio. Ten presente que su lectura deberá ser interpretada no solo por el *maître*, sino también por cada uno de los integrantes del equipo de sala, el equipo de cocina y facturación, ya que todos ellos intervienen y participan en el servicio.

El proceso de toma de comanda diferencia los siguientes pasos:

1. **Informar al cliente:** ofrecida la carta a los comensales, se les indicarán otras ofertas del establecimiento, como pueden ser las sugerencias o recomendaciones, informándoles, si lo solicitan, de sus características y precios.
2. **Tiempo de espera:** ofrecerá al comensal el consumo de algún aperitivo, retirándose a continuación un tiempo prudencial para que los clientes no sientan agobio en su decisión y elección.
3. **Prestar ayuda:** si el *maître* detecta indecisión, ayudará de forma correcta al comensal, pudiendo recomendar al cliente platos de la casa o platos afines a los gustos que nos plantee.
4. **Tomar nota:** decididas las elaboraciones que se van a consumir, se comenzará a tomar nota, teniendo presente que, salvo excepción, se tomará nota en primer lugar a la mujer de mayor edad o categoría y se continuará con el resto de las señoras. Para los caballeros, se seguirá la misma regla, dejando en último lugar al anfitrión.

El proceso de toma de comanda debe recoger toda la petición del cliente a fin de evitar cualquier incidencia.

Formas de confeccionar una comanda

Una comanda debe ser interpretada por todos los miembros del equipo de sala y cocina, bodega y facturación, por lo que su confección debe obedecer a una serie de pautas específicas. Se tienen como establecidas las siguientes:

- Toda comanda deberá presentar fecha, hora y número de mesa.
- En caso de contar con servicio de alojamiento, se debe preguntar número de habitación y solicitar acreditación. Si no está alojado, indicar como identificación "paso" (cliente de paso).
- Separar cada grupo de platos según su servicio con una raya.
- Tomar la comanda completa a cada cliente.
- Indicar en cada comanda el número de clientes, así como la oferta elegida (menú, carta, etc.).
- Especificar quién toma cada plato. Se establece como norma general comenzar por el primer comensal al que se toma la comanda y continuar hacia la derecha. Esto se anotará en el lado derecho del plato, con el número entre paréntesis.
- Hacer sumatorio de los platos solicitados indicándolo en el lado izquierdo.

IMPORTANTE

Cada comanda deberá identificar al personal que la toma, con el fin de solucionar de forma rápida cualquier incidencia.

- -

Los datos ofrecidos en la comanda deben ser claros. Se pueden utilizar formas simplificadas, siempre que sean establecidas y conocidas por todo el personal. Este principio es muy representativo para la elección del punto de cocinado de una carne.

EJEMPLO

Las abreviaturas para indicación de puntos de cocción de la carne serían:

Continúa en página siguiente >>

<< Viene de página anterior

- (--) Muy poco hecha
- (−) Poco hecha
- (.) Al punto
- (+) Hecha
- (++) Muy hecha

Comandas tipo *suite* y tipo *retour*

En el proceso de servicio pueden surgir diferentes situaciones, y es común el cambio de un plato ya solicitado o la solicitud de una nueva elaboración, bien por incluirse otro comensal, bien por necesidad de ampliar las elaboraciones ya solicitadas.

Para estos casos se desarrollan de forma específica dos tipo de comandas denominadas **suite** y **retour,** cuyas características son las siguientes:

- **Suite:** indica que un nuevo cliente se ha incorporado a una mesa a la que ya se había tomado comanda o se ha solicitado una nueva elaboración, una vez que el servicio ha comenzado.
  Este tipo de comanda presentará en su encabezado la palabra "suite", que indicará la nueva elaboración incluida. Al mismo tiempo, esta comanda también deberá incluir datos sobre el número de mesa, fecha y hora, número de comensales, etc.
- **Retour:** indica que uno de los platos solicitado ha sido eliminado o cambiado por otro. En su confección, aparecerá de forma destacada la palabra "retour", así como el plato o consumición eliminado y el nuevo incluido. De no incluir ninguna nueva, se deberá indicar, con el fin de no crear confusión.

 **APLICACIÓN PRÁCTICA**

Para la primera de las mesas atendidas hoy en el restaurante Maireles, se ha decidido utilizar la mesa 10. Está compuesta por tres mujeres de distintas edades (A: 55 años, B: 33 años, C: 25 años):

Continúa en página siguiente >>

<< Viene de página anterior

- **La comensal A ha solicitado, como entrante, ensalada de espinacas y pera; primer plato: calamar asado; segundo plato: solomillo de ternera al punto.**
- **La comensal B ha solicitado, como entrante, crema de puerros; primer plato: gambas al pilpil; segundo plato: pularda asada.**
- **La comensal C ha solicitado, como entrante, ensalada de espinacas y pera; primer plato: gambas al pilpil; segundo plato: solomillo de ternera muy hecho.**

Adrián, como responsable de la toma de comandas, nos ha entregado la siguiente:

Fecha: 08/11/2024

N.º de mesa: 10

N.º de comensales: 4   Hora: 21:15

2	Ensalada de espinacas y pera (1) (2)
1	Crema de puerros (3)
1	Gambas al pilpil (1)
1	Calamar asado (2)
1	Gambas al pilpil (3)
2	Solomillo de ternera (1) (3)
1	Pularda asada (2)

Nombre:

Adrián C   N.º COMANDA: 1258

Continúa en página siguiente >>

<< Viene de página anterior

¿Sabrías detectar cuáles son los errores de la toma de comanda presentada por Adrián?

Solución

En la comanda de Andrián los errores que podemos encontrar son:

- No se han indicado los puntos en el caso de los solomillos.
- La asignación dada a cada comensal en torno a su elección no es correcta.
- Las elaboraciones del mismo tipo y grupo deberán ser agrupadas para facilitar la lectura y comprensión de la comanda.

La toma de comanda deberá reflejar de forma exhaustiva lo solicitado por el cliente y, además, facilitar la posterior labor del servicio. Por tanto, será imprescindible una correcta identificación del cliente, evitando hacer cualquier pregunta al respecto de los servicios solicitados.

Para facilitar la lectura y comprensión de la comanda, se deberán agrupar aquellas elaboraciones que, dentro del mismo grupo, sean iguales.

En este caso, estos principios no se han cumplido, por lo que el servicio reflejará grandes deficiencias.

5. Protocolo en el *buffet*

☞ HILO CONDUCTOR

Belinda, directora de protocolo en Hostel MJ Group, se ha desplazado hasta las nuevas instalaciones del hotel Adema. En él, existe un gran *buffet,* que es el protagonista de su oferta en restauración.

Antes de la inauguración del *buffet,* Belinda indica al personal de sala y cocina la importancia de un correcto proceso de atención, en el que, por protocolo, se establece la necesidad de recibir al cliente, guiándolo hasta su mesa, y ofreciéndole nuestra ayuda para resolver cualquier duda.

El servicio de *buffet* se cataloga como un servicio especial en el que se ofrece una amplia gama de productos elaborados y listos para degustar, presentados en mesas o estructuras que facilitan su conservación, así como su adquisición y reposición.

Dentro de los principios por los que se rige el proceso de servicio de *buffet,* es importante destacar la imposición de una correcta disposición de los alimentos y bebidas, así como el menaje requerido para su servicio. Asimismo, la actuación frente al servicio de *buffet* permite diferenciar entre *buffet* de pie y *buffet* sentado, y entre *buffet* asistido y *buffet* no asistido. Estas son sus características:

- ⮑ ***Buffet* de pie:** la presentación de los alimentos y bebidas facilitará el consumo, y no requerirá de elementos de corte o racionado. Se evitará el uso de salsas ligeras. La zona de consumo podrá estar apoyada con la instalación de mesas altas, que dotarán al comensal de un lugar donde dejar el menaje utilizado para el servicio. Dichas mesas deberán permanecer limpias y ordenadas, por lo que se debe establecer un protocolo de retirada de insumos.
- ⮑ ***Buffet* sentado:** en este caso, el comensal dispone de un lugar donde sentarse a degustar los alimentos y bebidas adquiridas. Esto implica la necesidad de desbarase continuo de las mesas, llevando a cabo una retirada efectiva del menaje utilizado.
- ⮑ ***Buffet* asistido:** el comensal selecciona los alimentos que quiere degustar, y es el personal de sala el que se los sirve.
- ⮑ ***Buffet* no asistido:** en este caso, el cliente adquiere los alimentos por consumir, llevándolos hasta su mesa o lugar de consumo. El personal de sala debe llevar a cabo la reposición y limpieza de las mesas.

NOTA

La clasificación del *buffet* puede atender, además, a distintos principios como el precio, donde se diferencia entre:

- *Buffet* libre: que tiene un precio fijo.
- *Buffet* libre parcial: donde se deben abonar algunos de los productos expuestos.
- *Buffet* de caja: en el que cada producto tiene un precio y debe ser abonado antes de su consumo.

En torno a los procesos que llevar a cabo por el personal de sala, la asistencia y trato hacia el cliente deberá reflejar los siguientes principios o protocolos:

- ○ **Recepción:** el cliente debe ser recibido y acompañado hasta su mesa por el *maître* o, en su ausencia, por el personal de mayor rango.
- ○ **Regulación temperaturas:** se debe comprobar la correcta regulación de los sistemas de frío y calor, garantizando una temperatura adecuada en cada caso. Por protocolo y exigencias normativas, la temperatura de servicio de las elaboraciones frías rondará los 4–6 °C, las elaboraciones calientes una temperatura mínima interior de 65 °C y los productos congelados una temperatura inferior a los –10 °C.
- ○ **Orden alimentos y bebidas:** los alimentos serán ordenados en su presentación de acuerdo con sus características, temperaturas, método de cocinado, familia o incluso momento de consumo.
  Además, se considera importante que aquellos alimentos con mayor dificultad de adquisición estén mejor posicionados.
- ○ **Reposición alimentos:** siempre que el producto presentado muestre signos de deterioro o requiera reposición, antes de su retirada, será necesario contar con el producto, evitando dejar huecos libres en la zona de exposición.
- ○ **Reposición menaje:** se llevará a cabo la reposición y cambio de elementos de menaje utilizados para el servicio, como pinzas o cazos, tantas veces como se requiera para obtener una imagen limpia y ordenada en todo momento.
- ○ **Identificación alimentos y bebidas:** se requerirá de la identificación de los alimentos y bebidas presentados en el *buffet,* así como la identificación de posibles alérgenos en los productos.
- ○ **Establecer circuito para adquisición de alimentos y/o bebidas:** orientar al cliente a la hora de seguir el proceso de elección de alimentos a fin de propiciar una línea de servicio ordenada, que será normalmente de izquierda a derecha en los montajes de *buffet* lineal y siguiendo las agujas del reloj en los montajes de *buffet* en isla o centrales.

El orden y la limpieza deben ser premisas que perseguir durante el desarrollo de servicio de buffet; por ello, la importancia de establecer un protocolo según los procesos destinados a su servicio.

6. Precedencias en mesas y ubicación de invitados

 HILO CONDUCTOR

La celebración de un aniversario en uno de los salones del hotel Adema hace necesario el montaje de una mesa especial. En concreto, se trata de una mesa imperial, con presidencia a la francesa, lo que implica que el anfitrión y su invitado de honor ocupan los puestos centrales de la mesa. Además, se indica que la distribución sea en alternancia. Belinda indica que no habrá ningún problema, y diseña un *planning* en el que se establece, según el cargo empresarial, el lugar que debe ocupar cada integrante.

Como ya se ha explicado, la indicación de precedencia facilita o da a conocer el orden de prelación entre los asistentes a un acto o evento. Es decir, se trata del orden de preferencia que se les da a unas personas sobre otras.

Dicha preferencia se ve reflejada en el asiento o lugar asignado a una persona en un acto o evento; así, es posible, simplemente observando el lugar que ocupa una persona en la mesa y el sistema utilizado para la asignación de precedencia, reconocer a la persona que ostenta el más alto cargo u honor.

La organización de eventos y reuniones hace necesario tener un exhaustivo conocimiento de la asignación de dichas precedencias y, por tanto, a continuación se muestra la asignación de precedencia en los montajes de mesas más característicos.

6.1. Tipos de presidencias

No en todos los casos la presidencia ocupa el mismo lugar. Así, es necesario diferenciar entre los sistemas francés e inglés, en los que la colocación de las presidencias indica:

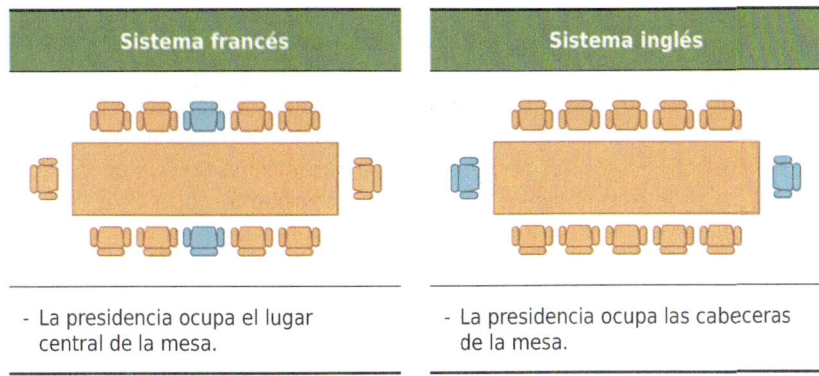

Sistema francés	Sistema inglés
- La presidencia ocupa el lugar central de la mesa.	- La presidencia ocupa las cabeceras de la mesa.

Determinado el sistema por el que se organizarán la presidencia, es importante determinar el orden dado al resto de integrantes. Para ello, es posible diferenciar entre:

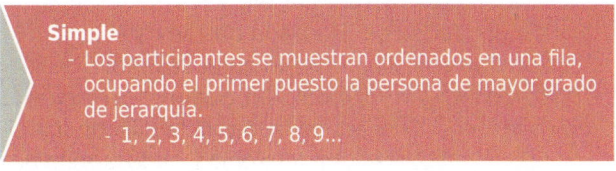

Simple
- Los participantes se muestran ordenados en una fila, ocupando el primer puesto la persona de mayor grado de jerarquía.
  - 1, 2, 3, 4, 5, 6, 7, 8, 9...

Continúa en página siguiente >>

<< Viene de página anterior

Intercalado
- La persona que preside ocupa el lugar central. El resto de ocupantes se ordena según su jerarquía; el lugar de mayor importancia es el que ocupa la persona a la derecha de la presidencia, luego a la izquierda, y así sucesivamente.
  - ...6, 4, 2, 1, 3, 5, 7...

Doble intercalado
- El lugar que preside ocupa el lugar central, quedando las autoridades a la derecha y los organizadores a la izquierda.
  - ...4, 3, 2, 1, 2, 3, 4...

 IMPORTANTE

El sexo de los integrantes también designará puesto, por lo que, a continuación, en la determinación dada en los distintos montajes se tendrá presente en algunos de los ejemplos.

6.2. Presidencias según montaje de mesa

El montaje seleccionado, junto con el tipo de presidencia, determinarán unas necesidades específicas para el lugar ocupado por sus integrantes. A continuación, se muestran de modo ejemplar algunos de los más significativos, incluyendo, además, las determinaciones del sexo del individuo:

◗ **Mesa imperial o rectangular:** partiendo de un sistema francés, es posible la asignación de los siguientes puestos:

  ◗ **Con personal del mismo sexo:**

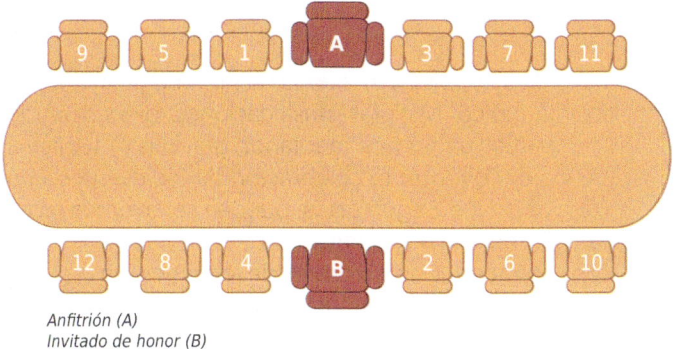

Anfitrión (A)
Invitado de honor (B)

◔ **Con personal de distinto sexo:**

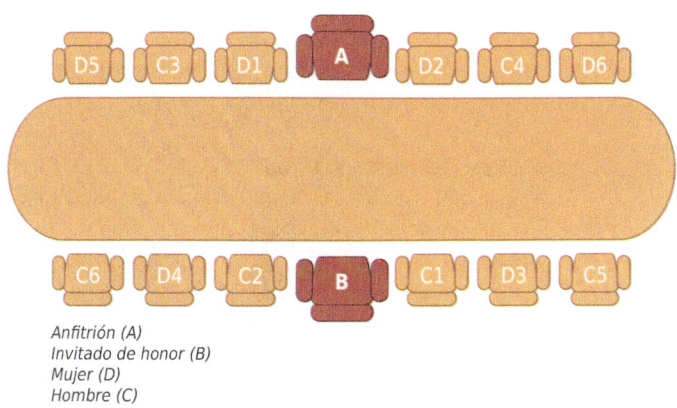

Anfitrión (A)
Invitado de honor (B)
Mujer (D)
Hombre (C)

Partiendo de un sistema inglés, es posible la asignación de los siguientes puestos:

◔ **Con personal del mismo sexo:**

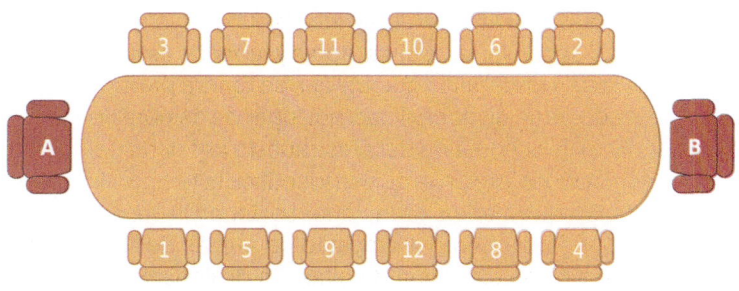

Anfitrión (A)
Invitado de honor (B)

Ὁ **Con personal de distinto sexo:**

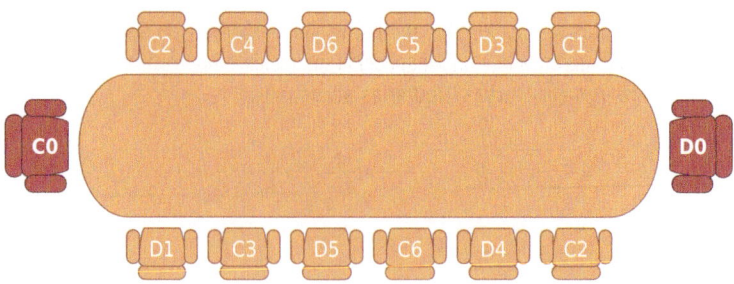

Anfitrión hombre (C0)
Anfitrión mujer (D0)
Mujer (D)
Hombre (C)

➲ **Mesa redonda:** es posible diferenciar entre la organización en la que solo existe un solo sexo o varios sexos:

Ὁ **Con personal del mismo sexo:**

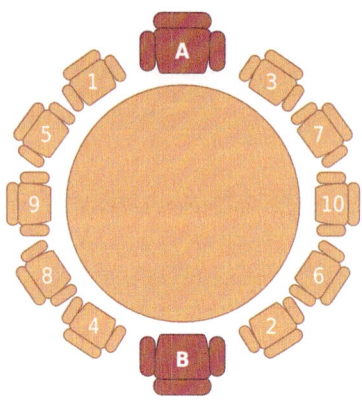

Anfitrión (A)
Invitado de honor (B)

↻ **Con personal de distinto sexo:**

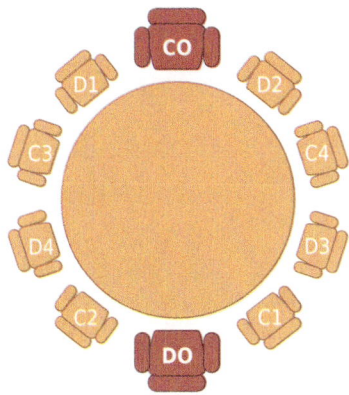

Anfitrión hombre (C0)
Anfitrión mujer (D0)
Mujer (D) Hombre (C)

➲ **Mesa en T:** el anfitrión ocupará el siguiente puesto, y se indicará en todo momento, en este y el resto de montajes, que la puerta de acceso o escenario queda frente a él.

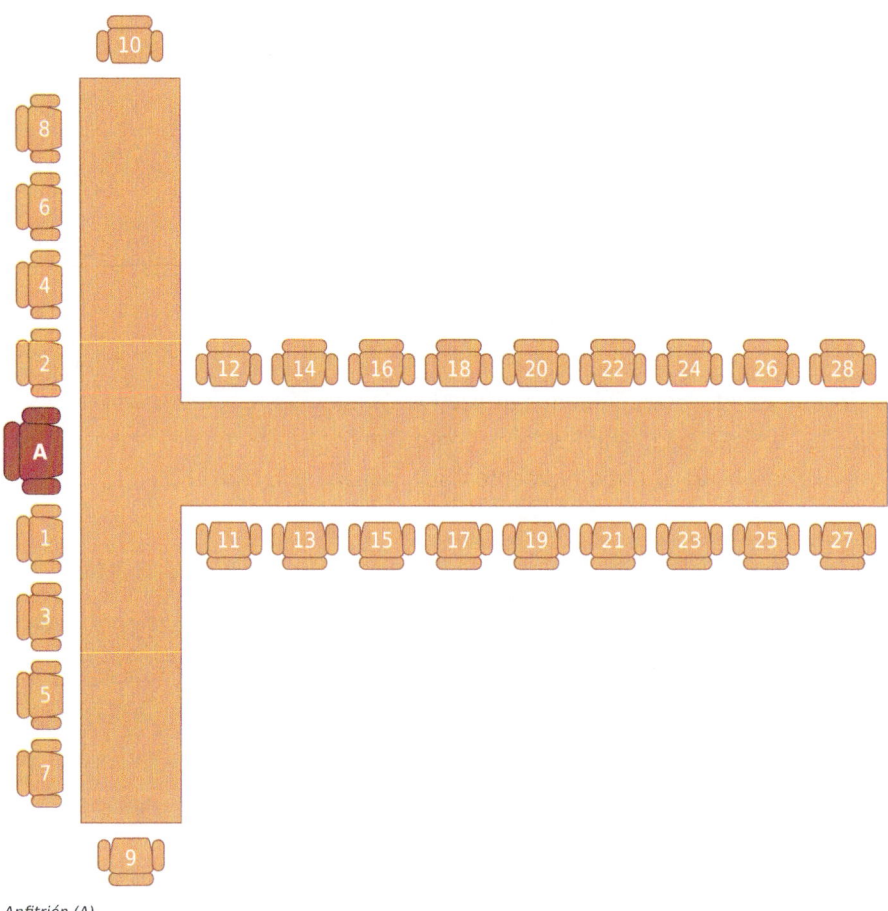

Anfitrión (A)

◗ **Mesa en U:** el anfitrión ocupará el siguiente puesto:

Anfitrión (A)

➲ **Mesa en peine:** el anfitrión ocupará el siguiente puesto:

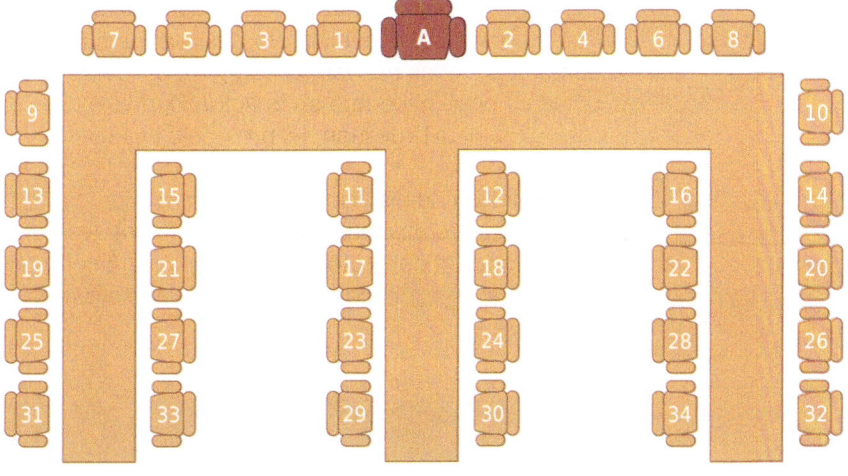

Anfitrión (A)

SABÍAS QUE...

La forma de la mesa tiene una finalidad de forma explícita, diferenciando entre:

- **Mesa redonda:** refleja la cohesión del conjunto, que forma un equipo.
- **Mesa cuadrada:** refleja igualdad entre los que se sientan.

Continúa en página siguiente >>

<< Viene de página anterior

- **Mesa rectangular:** refleja una jerarquía explícita.
- **Ovalada:** refleja o propicia la negociación y, por tanto, se utiliza en estos procesos.

 TAREA 2

Hasta el hotel Adema se desplazan cuatro delegaciones de empresas tecnológicas a fin de llegar a un acuerdo comercial. Cada delegación está integrada por un director y cuatro representantes de cada empresa.

Belinda, como responsable de organizar el montaje de dicha reunión, debe indicar qué tipo de montaje se debe utilizar y cuál es la precedencia que se debe establecer. Ayúdala a tomar esa decisión.

Justifica tu respuesta.

 TAREA 3

Belinda ha recopilado las opiniones que los clientes del restaurante Maireles han dejado en la web del establecimiento a fin de mejorar aquellos aspectos en los que se han producido incidencias o irregularidades.

Entre las opiniones negativas más significativas, es posible destacar las siguientes:

- "Los alimentos presentados en el *buffet* estaban fríos. Además, en muchos casos la falta de género era evidente, teniendo que esperar mucho tiempo en su reposición".
- "El servicio de restaurante fue correcto, pero tardaron más de 30 minutos en darnos la cuenta. Además, existían errores en los precios de algunos productos".
- "La vajilla presentaba suciedad y las copas tenían marcados los labios".

Continúa en página siguiente >>

<< Viene de página anterior

- "Hasta en dos ocasiones tuve que solicitar una cuchara para facilitar el consumo de un plato de espagueti solicitado, con lo que finalmente se enfrió".
- "Como anfitrión de una celebración me pusieron de espaldas a la entrada principal del salón".

Como responsable de protocolo, ¿son justificadas cada uno de los comentarios presentados en forma de queja?

Justifica tu respuesta.

----

7. Protocolo en la cocina

☞ HILO CONDUCTOR

La gestión de las instalaciones y procesos llevados a cabo en las cocinas del hotel Adema se basan en el seguimiento de una serie de protocolos específicos, desarrollados de acuerdo con las instalaciones, oferta gastronómica y exigencias normativas. Así, la temperatura de cámaras, tiempos de cocinado, manipulación de los alimentos y procesos de limpieza y desinfección, metodología frente a la gestión de comandas o incluso el proceso asociado a la solicitud y reposición de alimentos establecen protocolos específicos, que se reflejan como parte de los registros exigidos.

La actividad desarrollada en las cocinas de establecimientos de restauración es incesante y, por tanto, protocolizar las acciones por desarrollar es un factor esencial. Se establecen parámetros según la regulación de temperaturas, tiempos y necesidades de conservación, manipulación e identificación de los alimentos, así como protocolos para los mecanismos de actuación como, por ejemplo, la gestión de las comandas o la solicitud de pedidos a proveedores.

El proceso de limpieza y desinfección, la uniformidad o los procesos de elaboración y registro hacen referencia a protocolos específicos que en ocasiones forman parte de las especificidades dadas por normativa.

La presentación de dichos protocolos obedece al tipo de acción que llevar a cabo. Es posible diferenciar entre los siguientes:

- **Protocolos asociados a las gestiones de limpieza y desinfección:** basados en las guías correctas de prácticas correctas de higiene y planes generales de higiene, se establecen cada uno de los pasos de la limpieza y desinfección de las instalaciones, herramientas, maquinarias y útiles, así como las necesidades de retirada de basuras. Esto conlleva el estudio e imposición de protocolos según el uso de detergentes y desinfectantes, orden de aplicación y acción que llevar a cabo, etc.
- **Protocolos asociados al manipulador de alimentos:** el manipulador de alimentos, además de recibir la formación específica de su actividad laboral, debe asegurar y presentar una asepsia, y debe imponer como protocolo un correcto lavado e higiene de manos, el uso correcto de la uniformidad y aseo personal. Debe tener presente que acciones como fumar, comer o masticar chicle están totalmente prohibidas en el ámbito laboral, así como hacer uso de su uniformidad fuera de dicho ámbito. Por protocolo, y a fin de evitar la propagación de enfermedades o infecciones, deberá informar a su superior de posibles enfermedades.
- **Protocolos de aseguramiento de trazabilidad y aplicación de sistemas de seguridad:** el desarrollo de la actividad requiere del control exhaustivo de la mercancía e insumos, lo que permitirá seguir su rastro y hacer frente a cualquier tipo de incidencia, agilizando la retirada de productos de forma eficaz y determinando la composición de un producto. El protocolo establece tanto los tiempos como las temperaturas de conservación, necesidades de identificación y envasado de los productos, tratamiento térmico, etc.

⮑ **Protocolos asociados al desarrollo de la actividad:** las necesidades de control de los alimentos y procesos llevados a cabo hacen necesaria la aplicación de protocolos según el proceso de aprovisionamiento. Existe un sistema documental y metodologías asociadas, en las que se reflejan y establecen los niveles de *stock,* los días de recepción de mercancías, las exigencias dadas a cada uno de los proveedores y productos suministrados, etc.

Del mismo modo, es importante destacar cómo se desarrolla el servicio, en el que el protocolo aplicado para la gestión de la comanda cobra un interés especial, pues permite la coordinación entre los Departamentos de Sala y Cocina. Con este propósito se utilizan los siguientes términos:

- ◔ **Marcha:** se emplea para indicar a cocina que puede comenzar a elaborar el plato o producto solicitado en la comanda. Por ello, es muy importante que el personal de sala conozca los tiempos de elaboración, así como las necesidades de preparación.
- ◔ **Pasa:** se utiliza para solicitar a cocina el plato ya elaborado, indicando que, por su parte, la mesa está preparada para el servicio.
- ◔ **Marcha-pasa:** se utiliza para solicitar una elaboración de servicio inmediato. Normalmente, es utilizada para elaboraciones en las que solo existe un plato y requiere una salida rápida.
- ◔ **Sale:** es utilizado por el Departamento de Cocina para indicar que una elaboración ya marchada y pasada está lista y sale para ser consumida.

 **NOTA**

Por costumbre, y pudiendo formar parte del protocolo de un alto porcentaje de empresas hosteleras, es común denominar a los platos de acuerdo con el orden utilizado para su servicio, diferenciando entre empiece, sigue y termine.

Así, unos ejemplos podrían ser los siguientes:

- "Dame el sigue de la mesa 3".
- "Márchame el termine de la mesa 7".

 **PARA SABER MÁS**

Puedes ver una guía de prácticas correctas de higiene para restaurantes accediendo aquí:

https://redirectoronline.com/hota004po0201

 TAREA 4

Adrián hace entrega de una comanda, indicando que la elaboración solicitada "marcha y pasa".

Jesús, jefe de cocina del restaurante, indica, pasados unos segundos, a Adrián que "sale" dicha elaboración, a lo que Adrián indica que aún no ha servido la bebida y, por tanto, debe esperar.

¿Ha seguido un protocolo adecuado Adrián?

Justifica tu respuesta.

8. Resumen

La actuación requerida en el ámbito hostelero requiere conocer el protocolo social y oficial, permitiendo hacer frente a la organización y desarrollo de actos y eventos propios de esta actividad, que van desde la correcta acogida de un cliente o el uso de una correcta uniformidad, hasta las especificidades propias de toma de comanda, la gestión del menaje o de los alimentos.

La descripción del protocolo que imponer en el menaje de restaurante facilita la siguiente clasificación:

Además, es necesario imponer un protocolo en torno a sus usos, disposición del montaje de mesas, almacenamiento y necesidades de repaso.

En torno al protocolo en el servicio, es necesario contemplar, entre otros, los siguientes principios de estudio:

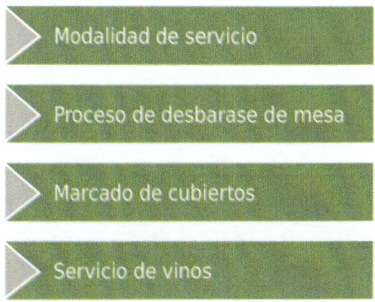

Del mismo modo, el protocolo asociado a la toma de comanda guarda especial importancia en la correcta organización y gestión de los Departamentos de Cocina y Sala y, por tanto, del establecimiento, debiendo considerar tanto el proceso de entrega de cartas u oferta como las especificaciones de su formato y cumplimentación.

Las características propias de los servicios de *buffet* hacen que su gestión tenga asociados unos protocolos propios, diferenciando, a su vez, especificaciones propias según el tipo o modalidad: *buffet* de pie, *buffet* sentado, *buffet* asistido y no asistido; o según el tipo de oferta, diseño de mesas o islas e incluso metodología requerida para su reposición.

Ten presente que el desarrollo de la actividad hostelera hace necesario conocer el protocolo asociado a la asignación de precedencias y ubicación de invitados. Es posible diferenciar entre sistema francés y sistema inglés, así como, para sus invitados, entre:

Asimismo, ten presentes las exigencias de las especificaciones propias del montaje, pudiendo diferenciar entre:

Finalmente, es importante presentar las especificaciones asociadas al protocolo de cocina, diferenciando, entre otros, los procesos o protocolos asociados con:

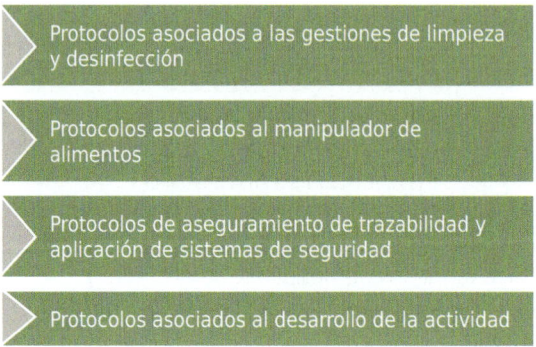

Ejercicios de autoevaluación
Unidad de Aprendizaje 2

1. Por protocolo, se considera que...

a. ... el personal de sala debe evitar discusiones delante del cliente.
b. ... el personal de sala no debe fumar, beber o comer delante del cliente.
c. ... el personal de sala no debe sentarse delante del cliente ni poner las manos dentro de los bolsillos.
d. Todas las opciones son correctas.

2. De forma general, se considera que...

a. ... el trato hacia el cliente será de usted.
b. ... el cliente siempre será recibido con un fuerte abrazo.
c. ... la despedida del cliente será llevada a cabo por el personal de menor rango y se evitará mostrar interés.
d. ... el uso de la muletilla será utilizado en el transporte de la cristalería en los servicios a la carta.

3. Identifica cuál o cuáles de los siguientes elementos del restaurante son identificados como *petit menage*.

a. Saleros y pimenteros.
b. Aguamanil o enjuadadedos.
c. Tarros de mostaza y kétchup.
d. Todas las opciones son correctas.

4. De forma general, para el servicio de ensaladas, se requiere como elementos de marcado:

a. Cuchara sopera y tenedor trinchero.
b. Tenedor y cuchillo trinchero.
c. Cuchillo y tenedor de postre.
d. Pala de pescado y tenedor trinchero.

5. En cuanto al marcado de los cubiertos, indica cuál o cuáles de las siguientes afirmaciones es correcta:

a. De forma general, cuando se marca con tenedor y cuchillo trinchero, el cuchillo se pondrá a la izquierda del plato base.
b. En el marcado de pasta larga, la cuchara quedará al lado izquierdo del plato base y el tenedor en el lado derecho.
c. La hoja del cuchillo marcado siempre mirará hacia la izquierda.
d. Todas las opciones son correctas.

6. De requerir un montaje de mesa con copa de agua y vino blanco, ¿cuál quedará más a la izquierda?

a. La copa de agua.
b. La copa de vino blanco.
c. Es indiferente, solo se establece orden en el marcado de copas para vino tinto.
d. La copa de agua y vino blanco deben quedar a la misma altura, centradas sobre el plato base.

7. De forma general, el montaje de mesa para un servicio de *buffet* destinado a cubrir un almuerzo o una cena presenta:

a. Plato de postre y copa o vaso para el agua.
b. Plato de presentación o plato base, servilleta y cubiertos trincheros, y puede, además, incluir copa o vaso para el agua.
c. Un montaje completo, en el que se incluyen plato base, plato trinchero y plato sopero; marcado con cuchillo y tenedor trinchero y cuchara sopera. En cuanto a la cristalería, incluirá copa o vaso para agua y copas de vino blanco y tinto.
d. Plato base y servilleta.

8. En torno al repaso de cubiertos, identifica qué pauta se considera correcta.

a. Se requiere introducir los cubiertos en agua tibia, algo jabonosa.
b. Comenzar el repaso por la parte contraria al mango y terminar por este sin tocarlo con la mano.
c. Los cubiertos se cogerán siempre por el mango, usando un paño.
d. Todas las opciones son correctas.

9. En torno al proceso de servicio en mesa, se indica como correcto que:

   a. El servicio de alimentos primará sobre el servicio de bebidas.
   b. El servicio a la americana requiere de emplatado a la vista del comensal, y requiere de mesa de apoyo o gueridón.
   c. En el servicio a la inglesa, las elaboraciones son servidas por la derecha del comensal.
   d. En el servicio a la francesa, el comensal se sirve desde su asiento, y es el personal de sala el que le ofrece los manjares por la izquierda.

10. El tipo de comanda *suite* se utiliza para:

   a. Incluir la solicitud de un nuevo plato o elaboración una vez se ha tomado la comanda y ha comenzado el servicio o se ha incorporado a la mesa un nuevo cliente.
   b. Tomar nota del servicio de habitaciones, normalmente gestionado por el personal de cafetería.
   c. Cambiar un plato ya seleccionado en la comanda principal.
   d. Eliminar un plato previamente solicitado por el cliente.

Aplicación del protocolo en hoteles

Contenido

Objetivos

El objetivo general de esta Unidad de Aprendizaje es:

→ Exponer las normas asociadas a la gestión de protocolo en hoteles.

Los objetivos específicos de esta Unidad de Aprendizaje son:

→ Enunciar los principios que se recogen en el manual de protocolo hotelero.

→ Considerar los elementos que valorar en la organización de eventos.

→ Establecer presidencias según protocolo.

→ Estimar los cambios asociados a la inclusión de nuevas tecnologías en la gestión hotelera.

→ Identificar las necesidades organizativas de acuerdo con el tipo de acto.

1. Introducción

Las instalaciones hoteleras permiten el desarrollo de actividades, como son la organización de banquetes, reuniones, exposiciones, seminarios y ferias de muestras, la prestación de servicios de desayunos y *coffee break,* cócteles y *brunch,* servicio de aparcacoches y botones, y, cómo no, su principal actividad, la prestación de servicios de alojamiento (habitaciones).

Dicho abanico, así como la inclusión de otros servicios propios de las características del establecimiento (piscina, servicios de *spa,* gimnasio...), hacen necesario complementar cada uno de los principios ya descritos en la gestión de los restaurantes.

La complejidad de dicha gestión, así como las exigencias de la clientela, hacen que el uso de nuevas tecnologías sea una realidad, lo cual se refleja en la implantación tanto de elementos digitales de seguridad como de identificación o gestión.

Belinda, directora de protocolo y organización en Hostel MJ Group, importante gestora del sector hostelero a nivel internacional, hace ver la necesidad de implantar las últimas innovaciones frente a la gestión llevada a cabo en el hotel Adema, a fin de agilizar las gestiones organizativas y de control del establecimiento.

2. Normas básicas de protocolo hotelero

 HILO CONDUCTOR

La gestión de protocolo impuesta por Belinda en el hotel Adema tiene como finalidad propiciar la máxima hospitalidad, por lo que los procesos asociados a la acogida y recibimiento guardan una especial importancia. En su manual o código interno se describen los buenos modales y cortesía que se deben imponer en los procesos de atención por parte de su personal.

- -

Los hoteles forman parte de los establecimientos del sector servicio y, por tanto, la apuesta por una correcta atención es fundamental. Son muchas las empresas del sector que apuestan por una formación específica en buenos modales y cortesía positiva, que forma parte de las estrategias de *marketing* y, por tanto, de su seña de identidad en muchos casos.

De forma básica, las normas de protocolo hotelero reflejarán las pautas de atención hacia el cliente, así como la imagen del personal e imagen corporativa de la empresa, lo que se asocia con la persecución de valores relacionados con:

- **Calidad:** la implantación de un protocolo hotelero aportará calidad en los actos o eventos, así como en las relaciones con el personal y la clientela, lo que dará mayor prestigio, rentabilidad y proyección. Además, permitirá enfrentarnos a situaciones difíciles como pueden ser las relacionadas con la atención a personas de distintas costumbres o cultura.
- **Imagen:** la indicación sobre la indumentaria del personal, iconografía, diseño y orden de las instalaciones será seña de identidad del establecimiento y, por tanto, su requerimiento se hace necesario como elemento diferenciador y de prestigio.
- **Organización:** saber qué pautas llevar a cabo o cuál es el momento de actuación frente a los distintos actos o acciones permite la imposición de una organización eficaz.

Asimismo, la descripción de tareas y organización del personal de los distintos departamentos facilita la organización, así como asignación de responsabilidades.

La uniformidad, gestos o frases de acogida utilizadas por el personal del hotel forman parte del protocolo establecido como parte del marketing de la empresa.

3. Manual de protocolo hotelero

 **HILO CONDUCTOR**

La celebración del primer aniversario del hotel Adema ha confirmado que las determinaciones dadas por Belinda en su manual de protocolo para el hotel Adema han sido certeras. No obstante, la inclusión de nuevas ofertas y automatización de los sistemas informáticos del establecimiento han hecho que se deba revisar y actualizar dicho manual de protocolo, una labor prioritaria que nuevamente recaerá sobre Belinda.

El denominado como **manual de protocolo hotelero** desarrolla las acciones que llevar a cabo en la gestión de un establecimiento, a fin de obtener una identidad organizativa que favorezca los procedimientos e imagen que imponer y que persiga el reconocimiento del cliente, la mayor proyección, así como la obtención de rentabilidad y prestigio, sin olvidar, además, la integración de su personal, que, en definitiva, es el que facilita su desarrollo. Por tanto, el manual de protocolo hotelero es un manual de gestión en el que se describen los principios de actuación de la organización, así como los procesos y tareas que cada uno de los departamentos que integran dicha organización deben llevar a cabo a fin de aumentar la calidad de los procesos.

La descripción del manual de protocolo debe contemplar la normativa vigente sobre protocolo, que, como ya se ha citado, se corresponde con el Real Decreto 2099/1983, de 4 de agosto, sobre Ordenación General de Precedencias en España.

NOTA

La descripción del manual de buenas prácticas debe tener un carácter didáctico y facilitar su comprensión.

3.1. Desarrollo del manual de protocolo hotelero

El desarrollo del manual de protocolo hotelero se llevará a cabo según el tipo de establecimiento hotelero, considerando parámetros de calidad del establecimiento y servicios ofertados; parámetros que indicarán, a su vez, una distinción del organigrama de personal y, por tanto, la descripción de las actividades y/o responsabilidades de cada uno de ellos:

- **Características del establecimiento:** es necesario describir las características del establecimiento, así como sus dotaciones y departamentos.
- **Organigrama del personal:** la categoría del establecimiento, dotaciones, departamentos, así como oferta, indicarán las necesidades de personal, sus responsabilidades y funciones, etc.
- **Delimitación de eventos:** se describirán los tipos de actos o eventos que podrán ser organizados en el establecimiento, así como los distintos aforos para cada uno de ellos, descripción de posibles montajes, etc.
- **Protocolo de organización:** es necesario describir las pautas que llevar a cabo según las necesidades de organización de un evento, teniendo presentes premisas como número de asistentes, público al que se dirige, tipo de evento, convocantes, duración, etc.
- **Protocolo de ejecución:** seleccionado el tipo de organización requerida para un evento, es necesario describir los procedimientos necesarios para su ejecución, así como los medios que requiere, indicando tipo de alimentos y bebidas, sistema seleccionado para el servicio, tiempos de ejecución, recursos materiales, necesidades de señalización y ambientación, etc. Además, es necesario tener presente el protocolo de actuación previo al desarrollo del acto, durante el acto y tras el acto.
- **Ambientación y decoración:** se requiere asociar la ambientación y decoración al tipo de evento. Se tendrán presentes elementos como tipo de flores utilizadas, mantelería, iluminación, símbolos, climatización, existencia o no de hilo musical, etc.
- **Atención al cliente:** es necesario que se establezcan los protocolos de actuación frente al cliente, tanto en el desarrollo de la actividad común (acogida y acomodo, despedida...), como en la resolución de incidencias o reclamaciones. Además, se recogerá la descripción de los protocolos de actuación en la atención telefónica, el desarrollo de *e-mail,* envío de fax, página web, redes sociales, etc.

ACTIVIDAD COMPLEMENTARIA

3. Busca la descripción de algunos de los cargos de un hotel y describe cuáles son sus responsabilidades y/o funciones.

- -

4. La organización de eventos

 HILO CONDUCTOR

En el hotel Adema se va a llevar a cabo un simposio sobre la escritura del siglo XVIII. Entre otros asistentes, destaca la figura de miembros del Gobierno, ya que se presentará una tesis muy importante. Esto implica no solo dar cabida a los existentes invitados, sino que también será necesario contemplar las necesidades de protocolo asociadas a las autoridades.

Para ello, Belinda, como responsable de la gestión de protocolo, contempla cada una de las fases del proyecto, diferenciando entre planificación, organización, desarrollo y evaluación final.

- -

Bajo el concepto de evento se engloba la celebración u organización de un acto, más o menos multitudinario, en el que, según los objetivos de su desarrollo, se permite diferenciar entre congresos, conferencias, exposiciones, ferias, simposios, convenciones, reuniones y talleres de trabajo, asambleas, ágapes familiares, banquetes, etc. No obstante, no es la única de las posibles clasificaciones que tener presentes, sino que su organización y prestación protocolaria debe observar las siguientes premisas:

- ⮕ **Nacionalidad de asistentes:** según la procedencia de los asistentes, es posible diferenciar entre eventos internacionales, eventos nacionales con participación extranjera, eventos nacionales, eventos multidestino, eventos itinerantes, etc.
- ⮕ **Entidad convocante:** según la entidad convocante, es posible diferenciar entre eventos gubernamentales y no gubernamentales, eventos corporativos o eventos privados.

- ⊃ **Número de asistentes:** en cuanto al número de asistentes a un evento, es posible indicar distintas clasificaciones, diferenciando entre minieventos, eventos pequeños, medianos, grandes y megaeventos.
- ⊃ **Objetivos del evento:** la celebración de los eventos puede apuntar a distintos objetivos. Según estos, pueden ser eventos promocionales, informativos, formativo-didácticos, etc.
- ⊃ **Sector convocante:** son sectores de referencia en la gestión de eventos los siguientes: médicos, culturales, educación, deportivos, comerciales, etc.

Los ágapes familiares y reuniones de empresa son algunos de los eventos más significativos en la gestión hotelera.

Sea uno u otro el tipo de evento que se va a afrontar, su organización requiere referenciar de forma común el estudio de las siguientes fases:

1. **Planificación:** fase en la que se recopila la información y se identifican los medios necesarios para cumplir con los objetivos.
   Se requiere de una reunión con el cliente a fin de determinar el tipo de evento que se quiere celebrar, los objetivos que se pretenden, el presupuesto disponible, las fechas, horas y lugar de celebración, etc.
   En cuanto a los medios que utilizar, se tendrá presente la necesidad de proveedores, la disponibilidad del lugar de celebración, etc. Esta fase finaliza con la aceptación del presupuesto por parte del cliente.
2. **Organización:** fase en la que se identifica la temporalización del evento, facilitando qué medios y funciones se deben llevar a cabo en cada caso. Es común la división del proyecto en etapas designando y asignando los objetivos en cada una de ellas. Se designarán responsabilidades y se asignarán, de forma efectiva, los servicios de cada proveedor seleccionado.

3. **Desarrollo:** fase en la que se lleva a cabo el proceso planificado, imponiendo el orden establecido durante el desarrollo del evento. Para ello, es necesario que el personal implicado conozca sus funciones y responsabilidades, y tengan capacidad organizativa y de control, reaccionando de forma efectiva y, si es posible, anticipada. Además, se persigue una correcta reacción ante posibles cambios solicitados por el cliente sobre la marcha, es decir, durante el desarrollo del evento.

4. **Evaluación:** durante el desarrollo del evento es necesario detectar desviaciones sobre lo planificado, facilitando posibles respuestas y actos, que serán tenidos en cuenta para la planificación, organización y desarrollo de próximos eventos. Asimismo, se evaluarán los implicados en el evento, como pueden ser los proveedores, el lugar de celebración o el personal implicado.

5. La presidencia en el protocolo

 HILO CONDUCTOR

Para el desarrollo del citado simposio, Belinda ha establecido que, dado que, entre los asistentes, la figura más importante está representada por la vicepresidenta del Gobierno, será ella la que presida el evento, quedando en segundo plano (a su derecha) la persona responsable de su organización.

La persona o conjunto de personas que presiden un acto o evento es denominada como **presidencia**. Por tanto, la presidencia estará ocupada por el anfitrión, así como por el resto de autoridades si las hubiera, dejando el puesto principal a la persona de mayor rango; el anfitrión se sentará a la derecha de este.

A su vez, el anfitrión puede designar, con base en su cargo, puesto o mérito, el puesto de invitado de honor, que ocupará el lugar derecho del anfitrión o el lugar del anfitrión, siempre que este se lo ceda.

La descripción de las presidencias permite diferenciar entre:

Presidencia de pie
- Se trata de presidencias destinadas a cubrir actos breves, con tiempos de no más de veinte minutos.

Presidencia en mesa
- Se trata de presidencias en mesa, que se colocan, en todo caso, frente al resto de invitados. Este tipo de presidencias se utilizará siempre que el resto de invitados también ocupe un asiento.

5.1. Orden en la presidencia

Para establecer el orden en la presidencia, se utiliza la denominada **regla o ley de la derecha,** por la que se indica que:

... el sitio de honor o preferente es el que se sitúa a la derecha de la persona de la más alta jerarquía, lo cual se aplica tanto en actos sentados como de pie.

No obstante, existen excepciones al respecto, así como otros sistemas según las necesidades organizativas, como son:

- **Ley de proximidad:** el segundo invitado por importancia se sienta al lado izquierdo del anfitrión.
- **Orden lateral par e impar:** siempre que el grupo esté integrado por un número par, se indica como lugar de preferencia el que queda a la derecha del grupo. En el caso de tratarse de un número de personas impar, el lugar de preferencia estará en el centro del grupo.
- **Orden lineal:** se indica como persona de mayor rango o importancia la que ocupa el primer lugar de la fila, es decir, la persona que encabeza la línea, ordenada según importancia.
- **Orden alfabético:** cuando la presidencia está compuesta por personalidades o entidades del mismo rango, se toma como orden el dado por el alfabeto, teniendo presente el idioma del país anfitrión.
- **Orden de antigüedad:** se indica el orden atribuido según la antigüedad de las entidades o cargos presentes, dados por ley, fecha de posesión del cargo, etc.

La elección u orden dado a la presidencia debe contemplar el tipo de acto o necesidades de dicho acto. Así, por ejemplo, en la organización de una firma oficial se indica como correcta la regla de la alternancia, en la que las firmas aparecen reflejadas a derecha o izquierda según el documento firmado, quedándose cada uno de los firmantes el ejemplar que muestra su firma a la derecha.

 RECUERDA

Según la colocación de las presidencias en el montaje de mesas, se diferencia entre:

- Presidencia sistema francés: las presidencias están en el centro de la mesa.
- Presidencia sistema inglés: las presidencias están en los laterales o cabeceros de la mesa.

 APLICACIÓN PRÁCTICA

El hotel Adema ha sido sometido a una importante reforma, por lo que se va a llevar a cabo una inauguración. Para ello, se ha dispuesto una placa conmemorativa, que será descubierta por el consejero de Turismo, que será la máxima autoridad presente en el acto.

¿Qué tipo de orden debe dar Belinda a la presidencia que asistirá a dicho acto?

Solución

Dadas las características del acto cubierto (descubrir placa), dar a la presidencia un orden lineal es la mejor de las opciones propuestas. Así, la persona de mayor rango o importancia es la que ocupa el primer lugar de la fila, es decir, la persona que encabeza la línea, ordenada según importancia.

6. Las nuevas tecnologías para el protocolo

☞ **HILO CONDUCTOR**

Belinda ha llevado a cabo la publicación del V aniversario del hotel Adema en una importante red social. Ha propiciado un gran tráfico de datos, que ha posicionado a la web del establecimiento frente a la competencia, lo que ha aprovechado Belinda para dar a conocer las fechas, horas y etiqueta que cumplir para el acceso a dicho evento y para facilitar un enlace con el que llevar a cabo el registro de datos y así disponer de un acceso VIP.

El uso y presencia de los dispositivos electrónicos es común en el desarrollo habitual de cualquier evento o acto, lo que hace que en ocasiones deteriore la imagen perseguida por un uso indebido. No obstante, la capacidad de expansión asociada al uso de las nuevas tecnologías, así como la mejora comunicativa asociada a ellas, hace que en la actualidad sean integradas como elementos de ayuda para la gestión del protocolo en un acto.

En la actualidad, la expansión de los dispositivos electrónicos, así como su capacidad de gestión de la información, genera nuevas fórmulas y elementos que, destinados a la gestión del protocolo, faciliten una mejor organización, control y, cómo no, expansión, con lo que se obtiene o preserva una reputación *online* positiva.

Las nuevas tecnologías facilitan el registro y gestión de los eventos y, por tanto, contribuyen a la adopción correcta de las medidas protocolarias exigidas y/o necesarias.

6.1. Cambios en la gestión hotelera asociados a la inclusión de las nuevas tecnologías

Reservar una habitación, gestionar un pedido a la cafetería desde nuestra habitación o ver la oferta o carta del restaurante son acciones que, de acuerdo con la implantación de las nuevas tecnologías, pueden llegar a ser gestionadas con un dispositivo móvil personal. Además, el uso de dispositivos electrónicos en la toma de comanda, el pago con un dispositivo móvil o el registro de tu opinión en un portal de internet han hecho que los procesos o protocolos asociados a estas y otras cuestiones relacionadas con el ámbito hotelero hayan evolucionado hacia la gestión automatizada.

Abordar una aplicación correcta de protocolo en relación con el uso o inclusión de estas nuevas tecnologías requiere citar, al menos, los cambios asociados a las siguientes acciones:

- **Presentación de oferta gastronómica:** en la actualidad, es común ofrecer *flyers* en los que aparece un código QR o enlace web en el que se ofrece la información de la oferta gastronómica. Mediante el escaneo de dicho código o enlace, se ofrece información completa del producto por degustar. Del mismo modo, dicha información puede ser facilitada en pantallas táctiles, *tablet* o *iPad,* lo que permite que el usuario pueda incluso facilitar su pedido.

La digitalización de la carta facilita su actualización y permite la inclusión de datos, imágenes, alérgenos, etc., con lo que se da una información completa.

- **Toma de comanda:** el uso de comanderos electrónicos facilita la gestión de entrega o solicitud de pedidos a los distintos departamentos por parte del personal de sala. Además, facilita la gestión de solicitud de pago.

La comanda electrónica facilita la gestión del pedido, así como la automatización del control de ventas, escandallos, etc.

⮡ **Registro de opinión o sugerencia:** la disposición de enlaces a centros de opinión facilita el registro de opiniones y/o sugerencias, lo que automatiza esta gestión. Este cambio hace que el buzón de sugerencias pase a un segundo plano, y es incluso eliminado de forma física en muchos de los establecimientos.

Portales como Tripadvisor facilitan un registro y comparativa que facilitan el posicionamiento del establecimiento.
(© Fotografía: No-Mad / Shutterstock.com)

⮡ **Reserva de habitación o servicios de hotel/establecimiento:** la reserva de una habitación de hotel o de los servicios que este ofrece puede ser gestionada de forma completa, por lo que el protocolo hasta ahora requería del paso por el mostrador; ahora, la gestión facilita el acceso directo a la habitación.

En la actualidad, un diseño adecuado posibilita la posible gestión íntegra desde un dispositivo electrónico, como el móvil o tableta electrónica.

● **Pago:** la emisión del pago se automatiza y, por tanto, el personal destinado a esta labor pasa a un segundo lugar; a su vez, la gestión de cierre y apertura de caja o la consulta de estado de caja se automatiza.

La gestión del pago evita errores, y puede llegar a automatizarse incluso la gestión de cambio asociada al pago con dinero en efectivo.

El pago con dispositivos electrónicos evita la gestión de cambio y gestiona los procesos de cierre y apertura de caja, el arqueo, etc.

NOTA

El código QR es uno de los elementos más extendidos ante la necesidad de gestión e inclusión de nuevas tecnologías en el sector hotelero.

Continúa en página siguiente >>

<< Viene de página anterior

7. Organización de distintos actos

☞ HILO CONDUCTOR

En el salón Alameda del hotel Adema se llevará a cabo un congreso nacional en el que se ha confirmado la visita del rey de España en el acto inaugural. Por ello, Belinda debe reunirse con el jefe de protocolo de la Casa Real, para acordar tanto el trato que dar a su majestad el rey de España como al resto de la comitiva que lo acompaña. Además, se tendrá presente la designación y el trato que dar al anfitrión, organizadores, empresarios, etc.

Los actos o eventos son actos singulares desarrollados en un tiempo preciso y bajo ámbitos específicos, como, por ejemplo, los referidos a actos sociales, culturales, empresariales, etc.

Según el tipo de acto se requerirá una organización específica o característica, como, por ejemplo, los referidos a congresos y conferencias, visitas guiadas, inauguraciones y aniversarios, entrega de premios, asambleas, conferencias, exhibiciones comerciales o ferias, junta de accionistas, seminarios, foros y simposios, ruedas y comunicados de prensa.

A continuación, se desarrollan las necesidades específicas de organización de dichos actos o eventos y se dan a conocer sus especificidades según las necesidades de preparación y desarrollo:

➲ **Congresos y conferencias:** su organización requiere de la fijación de fechas de realización, identificación de asistentes, montaje de instalaciones, envío de invitaciones, preparación del programa, etc. Esto hace necesario establecer o pautar las acciones que llevar a cabo. Es posible diferenciar entre las fases de preparación y desarrollo:

   ◑ **Preparación:** etapa en la que se establece la fecha de realización, la identificación de los asistentes al congreso, postulación de la presencia de honor, el tipo de montaje de las instalaciones, el envío de invitaciones, la preparación del programa y documentación necesaria para los asistentes al congreso y conferencias, invitación formal de las autoridades.
   ◑ **Desarrollo:** el congreso y las conferencias se inician con el saludo de la presidencia del congreso a los congresistas. La presidenta, una vez finalizado el saludo, facilita la palabra al secretario del congreso, y se finaliza el acto inaugural con la palabra de la presidencia del congreso, que da inicio a las ponencias. Si existen autoridades, serán situadas en la zona presidencial, junto al presidente del congreso y próximas al ponente del momento.

➲ **Visitas guiadas:** son otros de los tipos de actos organizados en los que es común la presencia de autoridades, grupos empresariales, etc. Su organización partirá de la definición del público al que se dirige, pudiendo diferenciar entre visitas de delegaciones extranjeras, visitas de otras empresas o instituciones, etc.
   Definido el grupo de visitantes, se llevará a cabo la descripción del recorrido, comprobando su idoneidad y ornamentando en caso necesario dicho recorrido. Se llevará a cabo la documentación entregada al visitante, así como posibles obsequios. Se valorará la necesidad de seguridad.
   El desarrollo de la visita comenzará con la recepción de los visitantes, dándoles la bienvenida y presentando, en caso necesario, al personal que ejercerá de guía. Se seguirá el itinerario indicado y se clausurará abriendo un coloquio que se cerrará con unas palabras de agradecimiento por parte del guía o cargo importante de la empresa organizadora. En los casos en los que, en la visita, exista alguna autoridad y medios de comunicación, se entregará o enviará una nota de prensa a todos los interesados.
➲ **Inauguraciones:** acto en el que se da inicio a una actividad, por lo que, de forma común, se establece la visita de personal influyente y autoridades. Por tanto, es necesaria la identificación de los invitados. El anfitrión es el encargado de decidir si asistirán o no autoridades al evento y qué otros invitados lo acompañan.
   La inauguración comienza con la recepción de los invitados por parte del anfitrión.

Cuando se trate de una alta autoridad del Estado o comunidad autónoma, se le dará la bienvenida según precedencia, saludando a continuación al anfitrión.

El orden de intervención en la inauguración establece que será el anfitrión el que comience con la presentación, y será la persona que preside el acto la que cierra el evento.

El acto concluirá con la firma de la autoridad principal en el libro de firmas.

⮞ **Aniversarios:** hace referencia a la conmemoración de fechas importantes, que tiene como objetivo aspectos relacionados con el corporativismo y el reforzamiento de lazos con proveedores y clientes; por tanto, su preparación comienza con la selección de invitados. Es común la asistencia de autoridades que, normalmente, y siempre que el anfitrión lo conceda, adquirirán la presidencia del acto. Se clasificarán y ordenarán el resto de invitados.

En el proceso de recepción será el anfitrión el que da la bienvenida a los invitados. De existir autoridades, se recibirán en orden de precedencia y se acompañarán hasta el lugar que deben ocupar. De tener que descubrir una placa, se llevará a cabo por la persona que preside el acto. El acto finalizará con el ofrecimiento de un vino de honor.

⮞ **Entrega de premios:** seleccionados los premiados, se requiere seleccionar los invitados, designar al personal que presente el acto, indicar el lugar donde se desarrolla la ceremonia y generar la documentación necesaria como invitaciones, guiones para oradores, listado de premiados, creación de rótulos, etc.

A continuación, se adecuará el lugar donde llevar a cabo el acto.

En su desarrollo, se establece que el presidente del organismo recibirá a los invitados. Al lugar de celebración accederán en primer lugar los invitados, y son los homenajeados y los miembros de la presidencia los que acceden en segundo lugar. El presidente hará la apertura del acto y el secretario dará lectura a los principios y méritos. El presentador o secretario será el que llame a cada uno de los homenajeados para entregar el premio.

La máxima autoridad será la que cierre el acto con un discurso en forma de clausura.

Finalizado el acto, se invitará a los premiados a firmar el libro de honor y al resto de asistentes se les ofrecerá un cóctel o vino. De asistir medios de comunicación, se les hará entrega de un dosier resumen.

⮞ **Asambleas:** son actos regidos por los estatutos de las empresas, que indicarán el plazo de convocatoria y la identificación de los convocantes, los requerimientos mínimos de constitución o el establecimiento inicial del puesto de presidente y secretario. Se establece cuáles son las condiciones para ejercer, en caso necesario, el voto, cómo debe ser la formalización y aprobación de los acuerdos expuestos o cuál es el funcionamiento de la asamblea.

- **Conferencias:** la organización de las conferencias tiene como princi-pios los siguientes pasos:

  1. Selección de expertos o conferenciantes y presentadores del acto, que pueden formar parte o no de la entidad organizadora.
  2. Identificación de invitados, teniendo presente la visita y disposición de autoridades, que ocuparán un lugar prioritario según precedencias.
  3. Concluida la exposición del conferenciante, se tendrá presente un tiempo para que el público o asistentes puedan hacer preguntas, que será regulado por un moderador.

- **Exhibiciones comerciales o ferias:** la organización de exhibiciones co-merciales o ferias requiere que la entidad organizadora identifique una fecha adecuada, teniendo presente la confirmación de asistencia por parte de las autoridades invitadas. Se determinará lugar y, en caso nece-sario, estudio financiero que asegure la ejecución. Se indicará la decora-ción y tipo de *stand,* y se llevará a cabo la designación de personal que estará presente en el *stand.*
  Las personalidades y autoridades serán invitadas para el acto inaugural y la clausura.

- **Junta de accionistas:** se trata de un encuentro, normalmente periódico, en el que los puestos o cargos de sus integrantes determinarán su distri-bución en la mesa presidencial, que normalmente será precedida por el presidente del consejo de administración, ocupando su derecha el invi-tado de honor.
  El acto comienza con la recepción de los invitados. El anfitrión será la persona que toma la palabra y da la bienvenida.
  El cierre de la junta será llevado a cabo por el anfitrión, que despedirá a los accionistas.

- **Seminarios:** la organización y puesta a punto de este tipo de actos de-berá partir de la determinación del tipo de temática sobre la que se va a tratar, generando sobre él las pautas requeridas para su conducción y organización.
  Se debe establecer un coordinador que garantice un proceso ordenado y fructífero.
  Dará comienzo con la presentación de la guía que se va a seguir, así como con la asignación del secretario, que será el encargado de anotar las conclusiones y resultados obtenidos.
  El desarrollo del debate y valoración final deberá ser anotada por el se-cretario.

- **Foros:** la organización y desarrollo de este tipo de acto requiere concre-tar y seguir las siguientes pautas, comenzando por la presentación del tema o temas sobre los que se va a discutir.

La presentación será llevada a cabo por el moderador, que también será el responsable de enumerar las reglas de participación en el foro y de realizar la presentación de los miembros que participan en el debate.

Tras la presentación, cada uno de los participantes expondrán sus opiniones. Se facilitará el proceso de discusión o diálogo, que será regulado por el moderador, y que también será el encargado de realizar un resumen de lo tratado.

El foro finaliza cuando, una vez que han intervenido todos los participantes, se obtiene una conclusión.

⮕ **Simposios:** la organización de un simposio requiere conocer, en primer lugar, la elección del tema sobre el que se va a tratar. Se requiere de una reunión previa al acto, a fin de concretar con cada uno de los expertos que intervienen y evitar reiteraciones.

Se indicará el lugar donde llevar a cabo el acto. Se indicará la localización de los ponentes del simposio, indicándose como necesario darles un lugar destacado para que el público o asistentes tengan una visibilidad adecuada.

Se requiere establecer una mesa para que los expositores y coordinador tomen asiento hasta el momento de su intervención.

El acto será iniciado por parte del coordinador, que indicará las pautas que se van a seguir.

El cambio de turno será introducido por el coordinador.

Se debe garantizar la adecuación de tiempo de exposición, evitando superar los sesenta minutos en total, por lo que se debe fraccionar el tiempo según el número de participantes.

El coordinador debe realizar una síntesis de las ideas expuestas por los participantes y facilitará la palabra siempre que sea posible a posibles intervenciones por parte del público asistente.

⮕ **Ruedas de prensa y comunicados:** la organización de este tipo de actos o eventos requiere implantar los siguientes pasos:

1. Determinar los medios de comunicación que asistirán al evento.
2. Determinar y adecuar el lugar de celebración del acto.
3. Preparar el comunicado para los medios de comunicación.
4. Preparar documentación necesaria para ofrecer a los asistentes.
5. Determinar el correcto posicionamiento de cartelería y decorado.
6. Crear el mensaje que difundir, persiguiendo que sea preciso y directo.
7. Establecer la duración aproximada de la rueda de prensa, así como la fecha y hora, evitando que coincida con algún tipo de evento o acto de gran repercusión social, ya que restaría poder de convocatoria.

 **NOTA**

En cuanto a los comunicados, se debe indicar que su organización requiere de las mismas fases que las descritas para las ruedas de prensa, con la salvedad de que, en el caso de los comunicados, la información a los medios de comunicación llega por escrito.

 TAREA 5

En las instalaciones del hotel Adema se van a llevar a cabo, a lo largo del mes de noviembre, distintos actos. Belinda será la responsable de la gestión de protocolo en cada uno de ellos, tanto en organización como supervisión.

Por agenda, Belinda requiere de ayuda, por lo que contacta contigo para que lleves a cabo la gestión de la celebración de una entrega de premios muy importante, en la que, además, van a asistir medios de comunicación, al tener una gran repercusión.

Indica qué premisas deberás tener presentes para llevar a cabo la tarea solicitada por Belinda, y expón los pasos que imponer de acuerdo con el desarrollo del evento.

8. Resumen

Las especificidades de un establecimiento hotelero hacen que el desarrollo de actividades, actos o eventos muestre una gran variedad, pudiendo llevar a cabo desde el proceso de recepción de un cliente hasta la organización y desarrollo de grandes congresos y conferencias.

Dada la gran diversidad de actividades, es necesario que todo establecimiento cuente con personal implicado y formado, que conozca las especificaciones de calidad, imagen y organización dadas por la organización; especificaciones que se ven reflejadas en el denominado como **manual de**

protocolo hotelero. En dicho manual se recoge cada uno de los parámetros que seguir y cumplir, agrupados bajo la descripción de:

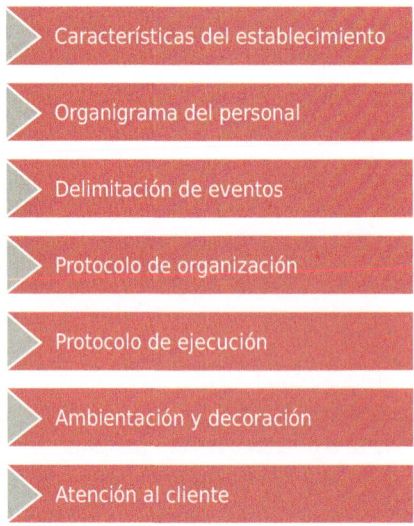

Cubrir un evento requiere contemplar premisas como la nacionalidad de sus asistentes, el objetivo del evento o el sector convocante, y requiere, en todo caso, de la evaluación de sus fases, diferenciando:

La presidencia es uno de los elementos que disponer en la organización de los actos, lo que requiere conocer su orden, considerando, además de la denominada regla o ley de la derecha, las siguientes bases:

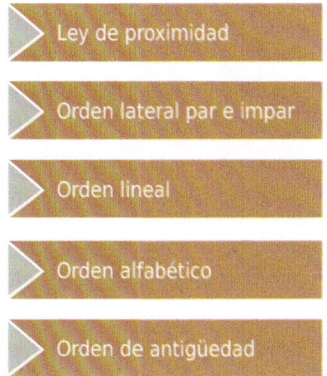

La inclusión de las nuevas tecnologías en los procesos de gestión de los establecimientos hosteleros plantea nuevas metodologías de actuación, que se ven reflejadas en acciones como:

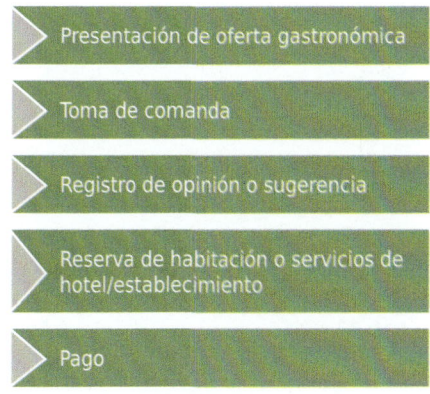

Finalmente, es necesario conocer las especificaciones propias de cada tipo de acto, indicándose como actos representativos los siguientes:

Continúa en página siguiente >>

<< Viene de página anterior

Aniversarios	Entrega de premios	Asambleas
Conferencias	Exhibiciones comerciales o ferias	Junta de accionistas
Seminarios	Foros	Simposios
	Ruedas y comunicados de prensa	

Ejercicios de autoevaluación
Unidad de Aprendizaje 3

1. Indica si son verdaderas o falsas las siguientes afirmaciones:

a. La descripción del manual de protocolo debe contemplar la normativa vigente sobre protocolo, como es el Real Decreto 2099/1983.

- ■ Verdadero
- ■ Falso

b. El denominado como manual de protocolo hotelero desarrolla las acciones que llevar a cabo en la gestión del establecimiento.

- ■ Verdadero
- ■ Falso

2. El organigrama del personal facilitado en el manual de protocolo hotelero tendrá presente:

a. La categoría del establecimiento.
b. Su departamentalización.
c. La oferta del establecimiento.
d. Todas las opciones son correctas.

3. La entidad convocante de un evento posibilita diferenciar entre:

a. Eventos corporativos y eventos privados.
b. Eventos gubernamentales.
c. Eventos no gubernamentales.
d. Todas las opciones son correctas.

4. En la planificación de un evento es necesario tener presente...

a. ... la recopilación de información e identificación de los medios necesarios para cumplir los objetivos.
b. ... la asignación de puestos de la dirección del establecimiento.
c. ... la responsabilidad de los proveedores y su evaluación.
d. ... el nombre de los asistentes.

5. Según protocolo, la presidencia en un acto...

   a. ... estará ocupada por el anfitrión y el personal de mayor rango del establecimiento en el que se celebra el acto.
   b. ... será ocupada por las autoridades y el anfitrión.
   c. ... se establece de forma única por orden de edad, dando el lugar de mayor honor a la persona de más edad.
   d. ... siempre deberá ocupar la zona central del salón o lugar donde se lleva a cabo el evento.

6. El segundo invitado por importancia tomará en la presidencia el lugar...

   a. ... a la izquierda del anfitrión.
   b. ... a la derecha del anfitrión.
   c. ... detrás del anfitrión.
   d. ... central de la presidencia.

7. Al requerir un protocolo en el que se impone un orden lateral impar, el lugar de la preferencia se encuentra:

   a. En el lugar central del grupo.
   b. En el lugar izquierdo de la línea.
   c. En el lugar derecho de la línea.
   d. Al lado derecho de la persona más a la izquierda de la línea.

8. ¿En cuáles de los siguientes casos se opta por imponer en la presidencia un orden alfabético?

   a. Ante personalidades o entidades del mismo rango.
   b. Ante personas de distintas nacionalidades.
   c. Ante grupos de personas en los que existen autoridades públicas y privadas.
   d. Todas las opciones son incorrectas.

9. La colocación de la presidencia en el montaje de mesas reconocida como sistema inglés indica...

   a. ... que las presidencias están en el centro de la mesa.
   b. ... que las presidencias están en los laterales o cabeceros de la mesa.

    c. ... que no existe presidencia.

    d. ... que la presidencia quedará a la izquierda de la mesa y siempre al lado contrario al acceso al salón o lugar de celebración.

10. Las necesidades organizativas asociadas a la preparación de un congreso o conferencia indican como elemento o elementos necesarios:

    a. Establecer fechas de realización.

    b. Postular la presidencia de honor.

    c. Indicar el tipo de montaje.

    d. Todas las opciones son correctas.

Evaluación de detalles y reglas de protocolo

Contenido

Objetivo

El objetivo general de esta Unidad de Aprendizaje es:

→ Detallar los tratamientos protocolarios y la aplicación de protocolo en casos particulares.

Los objetivos específicos de esta Unidad de Aprendizaje son:

→ Determinar el uso correcto de los tratamientos en protocolo.

→ Indicar la correcta vestimenta frente a peticiones protocolarias.

→ Demostrar una atención adecuada frente a la atención de personas con discapacidad.

→ Designar las medidas protocolarias asociadas a las necesidades decorativas, las invitaciones y los regalos.

1. Introducción

El uso adecuado de los tratamientos protocolarios es fundamental como muestra de profesionalidad, de respeto y honorabilidad ante la presentación, acogida o misiva de una persona. Del mismo modo, es fundamental identificar las necesidades de uniformidad frente a la organización y asistencia a eventos y actos, así como imponer una decoración adecuada en ellos. Otro aspecto que dominar se relaciona con la atención de aquellas personas con necesidades especiales, para lo cual existe un protocolo propio.

Generar una invitación u ofrecer regalos también son elementos que estudiar como parte del protocolo y, por tanto, se expondrán sus especificaciones a lo largo de este contenido, planteándose de forma ejemplarizante las pautas que sigue Belinda como directora de protocolo en Hostel MJ Group en los distintos actos a los que se enfrenta a diario.

2. Tratamientos en protocolo

 HILO CONDUCTOR

Belinda ha reunido al Departamento de *Marketing* para ofrecer unas pautas básicas sobre protocolo, ya que ha observado que, en el envío de una carta, se ha utilizado el tratamiento de señor con el nombre de la persona y no con su apellido, lo cual es una norma básica que todo profesional debería conocer.

El tratamiento es una distinción o título de cortesía que se da a una persona, y se puede asociar a su cargo o a su categoría. Dicho tratamiento será utilizado tanto para dirigirnos a alguien de forma escrita como verbal y su correcta utilización denotará profesionalidad, compromiso y respeto. Por tanto, su correcto uso en el ámbito hostelero tiene especial importancia.

De forma generalizada, y en cualquier ámbito, diferenciar entre el uso de los tratamientos don, señor o señor don, son básicos. Estos son los usos correctos:

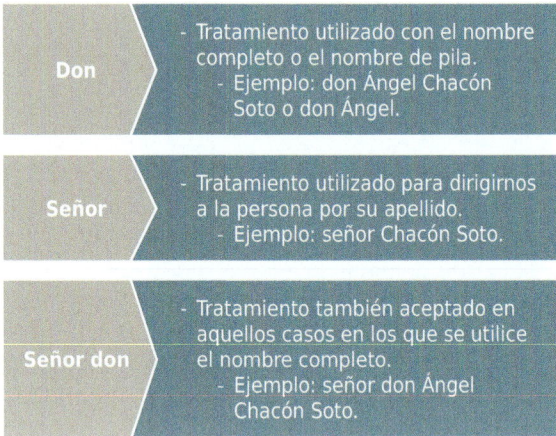

Don	- Tratamiento utilizado con el nombre completo o el nombre de pila. - Ejemplo: don Ángel Chacón Soto o don Ángel.
Señor	- Tratamiento utilizado para dirigirnos a la persona por su apellido. - Ejemplo: señor Chacón Soto.
Señor don	- Tratamiento también aceptado en aquellos casos en los que se utilice el nombre completo. - Ejemplo: señor don Ángel Chacón Soto.

IMPORTANTE

Los tratamientos deberán ser declinados en caso de hacer referencia a personas de género femenino, en este caso:

- Don → Doña
- Señor → Señora
- Señor don → Señora doña

2.1. Tipología de los tratamientos

El uso de los tratamientos se lleva a cabo tanto en actos oficiales como no oficiales, sabiendo que, en el primer caso, su uso se establece por normativa, mientras que, en el segundo, son las normas de educación y cortesía las que marcan su aplicación.

Además, la aplicación de los tratamientos diferencia tipologías de acuerdo con los siguientes principios:

Tratamiento personal
- Se trata del tratamiento dado a una persona física, que puede relacionarse con un mérito personal o por el cargo que ostenta.

Tratamiento impersonal
- Se trata del tratamiento dado a las instituciones, organizaciones o entidades.

Tratamiento verbal
- Se trata del tratamiento ofrecido de persona a persona en un acto o evento.

Tratamiento escrito
- Se trata del tratamiento utilizado en la redacción de un escrito, debiendo considerar tanto el tipo de comunicación como su procedencia y destino.

Tratamiento según cargo
- Se trata del tratamiento dado a una persona en función del cargo que ostenta.

Tratamiento por méritos
- Se trata del tratamiento dado a una persona en función de sus cualificaciones y categoría, su distinción o incluso su titulación académica.

2.2. Descripción de los tratamientos más usuales

Además de conocer la tipología de tratamientos, así como el uso generalizado de los términos don, señor o señor don, es necesario conocer el uso correcto de la terminología propia facilitada por normativa, en la que es posible diferenciar entre las siguientes:

➲ **Casa Real.** Se diferencian los siguientes tratamientos:

- **Rey:** majestad
- **Reina (consorte):** majestad
- **Reina:** majestad
- **Rey consorte:** su alteza real
- **Reyes:** majestades (SS. MM.)
- **Hijo o hija primogénito:** su alteza real

Por norma general, el tratamiento dado a la familia de los reyes de primer, segundo y tercer grado es su alteza real.

- **Jefes de Estado no coronados.** El tratamiento protocolario para los jefes de Estado no coronados será, tanto para él como para ella, el de su excelencia, al igual que para su cónyuge.
- **Administración local.** Los tratamientos protocolarios utilizados permiten diferenciar, según el cargo que se ostenta, los siguientes tipos:

  - **Excelentísimo:** utilizado para los alcaldes de Madrid, Barcelona y los presidentes de la Diputación Provincial de Barcelona.
  - **Ilustrísimo:** utilizado para los alcaldes de capital de provincia y municipios de más de 100.000 habitantes. Para el teniente de alcalde y secretarios de las corporaciones de Madrid y Barcelona, presidentes de las diputaciones provinciales, mancomunidades, cabildos insulares y diputados provinciales.
  - **Señoría:** utilizado para el tratamiento de los alcaldes del resto de municipios.
  - **Honorable:** utilizado para los *consellers* de las comunidades autónomas de Cataluña y Valencia.

- **Fuerzas Armadas.** Los tratamientos protocolarios utilizados en torno a las Fuerzas Armadas permite diferenciar entre:

  - **Excelentísimo:** para capitán general y capitán general de la Armada, general jefe de la Armada, teniente general y almirante, general de división y vicealmirante, general de brigada y contraalmirante.
  - **Ilustrísimo:** para coronel y capitán de navío, teniente coronel y capitán de fragata.
  - **Señor don:** para comandante y capitán de corbeta, capitán y teniente de navío, alférez.

- **Diplomáticos.** Los tratamientos protocolarios utilizados en torno a la designación de carrera diplomática diferencia entre:

  - **Excelentísimo:** para introductor de embajadores, embajadores, ministros plenipotenciarios de primera y segunda clase, nuncio, decanos del cuerpo diplomático y embajadores acreditados en España.
  - **Ilustrísimo:** para ministros plenipotenciarios de tercera clase, consejeros de embajada.
  - **Señor don:** para secretarios de embajada.
  - **Honorable señor:** para cónsules acreditados en España.

- **Iglesia católica.** Los tratamientos protocolarios utilizados en torno a la designación de los cargos de la Iglesia católica diferencia entre los siguientes:

- **Papa:** su tratamiento diferencia entre sumo pontífice romano, vicario de Jesucristo, romano pontífice, padre santo, santísimo padre y beatísimo padre.
- **Cardenales:** su tratamiento es eminencia reverendísima.
- **Arzobispos, obispos, patriarcas, nuncios apostólicos, internuncios apostólicos, decano del Tribunal de la Rota:** su tratamiento es excelencia reverendísima.
- **Auditores, fiscal y defensor del vínculo, auditor asesor del nuncio, Tribunal de la Rota y abades mitrados:** su tratamiento es ilustrísima reverendísima.
- **Nuncio, internuncio, delegado pontificio, delegado y enviado de su santidad, prefectos de las santas congregaciones, auditores de nunciaturas, secretarios de las internunciaturas:** su tratamiento es monseñor.
- **Canónigos:** su tratamiento es muy ilustre señor.
- **Dignidades eclesiásticas, monásticas y graduados de las religiones:** su tratamiento es reverendo.
- **Priores de órdenes militares, provicario general castrense, provicario general del arzobispado y vicarios episcopales:** su tratamiento es ilustrísimo.
- **Abadesas mitradas:** su tratamiento es reverenda madre.
- **Padres de órdenes monásticas:** su tratamiento es reverendo padre.

 **DEFINICIÓN**

Plenipotenciario
Persona enviada por los jefes de Estado a organizaciones de otros Estados, con plenos poderes para resolver los asuntos.

- -

Además de la descripción dada según el tipo de organismo u organización, la utilización de tratamientos también reconoce su uso para las siguientes personalidades o cargos:

- **Excelentísimo señor y excelentísima señora.** Se utiliza en el tratamiento de los siguientes cargos:

  - Presidente y vicepresidente del Gobierno, ministros, delegados del Gobierno de las comunidades autónomas, secretarios de Estado, subsecretarios de Asuntos Exteriores, etc.

- ◍ Presidente del Congreso, presidente del Senado, vicepresidentes de las mesas del Congreso y el Senado.
- ◍ Presidente, vicepresidentes y vocales del Consejo General del Poder Judicial, presidente del Tribunal Supremo, presidentes de Sala del Tribunal Supremo, presidente de la Audiencia Nacional, presidente del Tribunal Superior de Justicia de las comunidades autónomas, fiscal y magistrados del Tribunal Supremo y fiscal general del Estado.
- ◍ Presidente, vicepresidente y vocales del Tribunal Constitucional.
- ◍ Presidente y ministros del Tribunal de Cuentas.
- ◍ Presidentes de los Consejos de Gobierno, de asambleas parlamentarias, vicepresidentes y miembros de la mesa de las Asambleas Legislativas de las comunidades autónomas.

El tratamiento de excelentísimo señor y excelentísima señora también es utilizado para expresidentes y exministros del Gobierno, grandes de España, el presidente del Instituto de España, rectores y vicerrectores de las universidades.

- ➲ **Ilustrísimo señor e ilustrísima señora.** El uso del tratamiento de ilustrísimo señor e ilustrísima señora es utilizado para autoridades como subsecretarios, directores generales, diputados, consejeros de Gobierno de las comunidades autónomas, decanos y vicedecanos de las facultades universitarias, presidentes de las audiencias provinciales y sus magistrados, delegados insulares del Gobierno, diputados parlamentarios autonómicos y comisarios de policía, entre otros.
  Además, dicho tratamiento también es utilizado para el tratamiento de personalidades como caballeros o damas con la encomienda, con placa de las órdenes españolas civiles y militares, títulos nobiliarios que no posean grandeza de España, como vizconde, barón, conde o marqués.
- ➲ **Señoría.** Dicho tratamiento es utilizado para el tratamiento de jueces y jueces de paz, así como para los miembros del Congreso y Senado.

 IMPORTANTE

En los casos en los que una misma persona ostente más de un cargo o categoría, se tendrá presente el más alto rango.

3. Protocolo en el vestir

☞ **HILO CONDUCTOR**

La invitación generada para el evento organizado en España por Hostel MJ Group indica como nota "etiqueta". Sabiendo que el acto se celebra por la noche y los asistentes son del más alto rango, se determina que los asistentes masculinos deberán vestir de frac y las mujeres deberán usar vestido largo complementado con joyas y enseres de gran vistosidad.

- -

La indumentaria o vestimenta utilizada en un acto o evento debe ser representativa de este. El protocolo no solo se verá influenciado por el tipo de acto, sino que también se verá modificado según el momento del día, los invitados o asistentes o incluso el tipo de organización, que podrá imponer unas reglas o condicionantes específicos.

En el ámbito hostelero, la organización de eventos oficiales, eventos privados, empresariales o no empresariales, etc., hace necesario conocer la terminología utilizada en la actualidad. De forma general, se usan los siguientes términos:

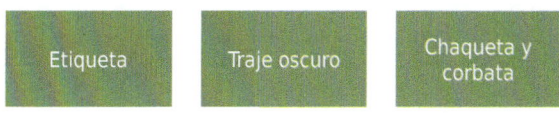

3.1. Etiqueta

Indicar la necesidad de **etiqueta** en la indumentaria que se debe portar en un acto o evento permite diferenciar según el tipo de acto y horario la siguiente uniformidad:

⇨ **Chaqué:** utilizado para ceremonias de día, en el hombre indica como elementos que considerar los siguientes:

  ० Levita negra.
  ० Pantalón gris con rayas negras.

❂ Chaleco gris o beis, para actos lúdicos o negro en caso de asistir a un funeral.

❂ Corbata preferiblemente de colores lisos y no llamativos para actividades lúdicas y de color negro en caso de asistir a un funeral.

❂ Zapato negro liso de cordón.

En el caso de la mujer, se establece el uso de vestido corto, haciendo uso de maquillaje, joyas y perfumes ligeros y discretos. Además, y siempre que el evento se celebre con luz solar, se podrá lucir tocado con velo, pamela o sombrero.

➲ **Esmoquin:** utilizado para acudir a un acto de etiqueta celebrado durante la caída del sol. Se utiliza para encuentros como cenas y bailes o celebraciones de gala. En el caso del hombre, dicha indumentaria se caracteriza por presentar una chaqueta negra, normalmente cerrada por detrás con solapas de seda o raso brillante, camisa blanca con botones ocultos y cuello cerrado, uso de corbata de lazo negro, chaleco y fajín negros. El pantalón será negro de la misma tela y color que la chaqueta, con las costuras laterales cubiertas por una cinta de raso negra. Se utilizará zapato negro de cordón liso, que podrá ser de charol.

En el caso de la mujer, deberá portar traje largo, por el tobillo o el denominado traje cóctel, que queda un poco más bajo de la rodilla. La mujer podrá portar joyas más ostentosas o llamativas que en el caso anterior.

➲ **Frac:** es utilizado como la indumentaria de más alto grado de etiqueta. Se utiliza principalmente para actos o eventos de noche. No obstante, también se contempla, por exigencias de protocolo, su uso diurno. Las características de este traje en el hombre indican el uso de chaqueta negra tipo levita con faldones abiertos por la parte trasera, que pueden llegar hasta la rodilla, con solapas de pico y de raso. Requiere del uso de camisa blanca con botones ocultos, cuello de camisa que permita ver toda la parte de la corbata (de lazo blanca) que rodea al cuello. El chaleco será blanco y el pantalón de la misma tela y color que la chaqueta. Las costuras laterales serán cubiertas con cinta de raso negro, al igual que las solapas de la chaqueta. El zapato será negro, y podrá ser de charol.

Para las mujeres el protocolo exige traje largo, uso de joyas y complementos sofisticados.

Mientras que el esmoquin y el chaqué no permiten mostrar condecoraciones, el frac sí lo permite, y suelen estar en la solapa.

Ejemplo modelo de frac

 **NOTA**

El uso de la chistera y guantes están en desuso en España. No obstante, su uso contempla el color negro en caso de asistir a un funeral y de color gris si se asiste a una celebración.

3.2. Traje oscuro

Esta expresión es utilizada para designar la necesidad de vestir en un acto social formal sin exigencia de etiqueta. El hombre portará traje oscuro de dos o tres piezas y corbata. La camisa será normalmente blanca. En el caso de la mujer, podrá utilizar un traje de chaqueta de corte tradicional, con el largo de falda determinado por la moda del momento.

3.3. Chaqueta y corbata

Vestir de **chaqueta y corbata** hace referencia a la expresión utilizada para designar la necesidad de uso de estos dos elementos para la asistencia. Normalmente, es utilizado en la organización de cócteles y reuniones de trabajo, seminarios o congresos, propiciando un ambiente poco formal en el que se fomente la cercanía entre los asistentes y creando un clima de conocimiento y confianza. La descripción de la vestimenta masculina, en este caso, hace imprescindible el uso de chaqueta y corbata, y es habitual que la chaqueta y el pantalón estén confeccionados del mismo material y color. Para la mujer, se acepta incluso el uso de pantalón de vestir y, por supuesto, falda.

IMPORTANTE

De requerirse etiqueta, se deberá determinar cuál es el elemento que se debe portar.

Ejemplo de invitación oficial en la que se determina el vestuario que se debe portar

4. Protocolo en el restaurante

☞ HILO CONDUCTOR

Observando el servicio llevado a cabo en el restaurante Maireles, Belinda observa que el sumiller ha descorchado una botella de vino blanco solicitada por el cliente. No obstante, la añada no se corresponde con la indicada en la carta, por lo que el vino es rechazado. Belinda indica al sumiller que no ha seguido el protocolo establecido para dicho servicio, ya que debería haber presentado al cliente la botella y advertirle del cambio en la añada a fin de justificar la idoneidad del vino y evitar la sorpresa y rechazo acaecido.

Además de los aspectos básicos del protocolo aplicados en la gestión y desarrollo de un servicio de restaurante, ya descritos a lo largo de la unidad de aprendizaje 2, en la que se especifican los pasos que seguir en los procesos de recepción, servicio y despedida del cliente, así como los principios de uniformidad y pautas de comportamiento que seguir por parte del personal, es importante tener presentes otros conceptos asociados a la operatividad del personal, así como a las normas propias de procesos, como el discurso o brindis, o las pautas que seguir para un correcto acompañamiento del personal hasta su mesa.

El proceso de presentación y servicio de un vino obedece a normas protocolarias propias de la tradición y costumbres.

4.1. Operatividad del personal de acuerdo con el protocolo de servicio

El puesto o cargo que ocupa cada uno de los integrantes del restaurante tiene asociada una responsabilidad y, por tanto, unas tareas propias, que, si bien, por operatividad, en ocasiones son asumidas por otros, su responsabilidad recae sobre la persona de mayor rango existente en la sala o restaurante.

De forma fundamental, es importante diferenciar los siguientes cargos y responsabilidades asociados a su operatividad:

- **Maître:** como responsable del establecimiento, debe organizar, planificar y distribuir el trabajo del personal a su cargo. Debe planificar la oferta culinaria junto con el jefe de cocina, así como recibir y tomar nota o comanda. Aconseja al cliente en su decisión y atiende las posibles quejas y reclamaciones.
- **Segundo maître:** representa al maître en su ausencia, asumiendo sus funciones y cargos. No obstante, su autonomía se verá limitada por las indicaciones prefijadas por el maître en su ausencia.
- **Jefe de sector:** debe rendir cuentas a sus superiores, y es el responsable de un sector determinado del restaurante. Normalmente, se ocupa de un grupo de mesas o incluso de una dependencia, si el restaurante cuenta con distintas zonas de servicio.
- **Jefe de rango:** es el responsable de llevar a cabo el servicio, atendiendo al cliente en sus peticiones. Será el encargado, junto con el jefe de sector, del servicio de alimentos, así como de la finalización de elaboraciones a la vista del cliente.
- **Sumiller:** como responsable de la gestión de la bodega, durante el servicio hacia el cliente llevará a cabo la recomendación, presentación y servicio de vinos. Según el volumen de trabajo asociado, podrá disponer de un ayudante, del que será responsable y sobre el cual derivará funciones básicas como la reposición de vinos, la retirada de copas, etc.
  En el proceso de servicio de vinos, es importante disponer de un correcto protocolo, que deberán conocer tanto el sumiller como sus ayudantes, y será básica la imposición de una correcta toma de comanda, presentación del vino, decantación (si es requerida según el tipo de vino solicitado) y servicio.
- **Camarero y ayudante de camarero:** su responsabilidad recae sobre las necesidades previas al servicio, llevando a cabo las tareas de repaso de material, montaje de mesas, etc.; en definitiva, realiza las tareas de mise en place propias del servicio. Durante el servicio, asistirán al jefe de rango, acercando y retirando los platos y menaje utilizado por el cliente, facilitando la preparación y reposición de los gueridones y aparadores.

Además, la cercanía hacia el comensal hace que puedan satisfacer algunos procesos relacionados con el servicio de bebidas y alimentos, siempre que su profesionalidad y capacidad lo posibilite.

 **APLICACIÓN PRÁCTICA**

El volumen de trabajo en el restaurante Maireles ha provocado que el *maître* tenga que asumir funciones de otros puestos, como pueden ser el desbarase de las mesas o la reposición de los aparadores. A su vez, el jefe de rango ha pedido a su ayudante que entregue la carta a los comensales y tome nota de la comanda, ya que el *maître* está ocupado.

Belinda, observando lo que está pasando en el servicio, decide reunir a la brigada de sala para recordarle cuáles deben ser las responsabilidades que cada uno de ellos debe acatar.

Identifica cuál de las siguientes indicaciones son correctas según el protocolo de actuación asociado a cada uno de los puestos o cargos presentes:

- **El *maître* será el encargado de recibir a los comensales, así como de organizar y distribuir el trabajo.**
- **El jefe de rango será la persona responsable de entregar la carta a los comensales, así como de tomar nota de la comanda.**
- **El ayudante solo podrá llevar a cabo el desbarase de las mesas.**
- **El jefe de rango deberá gestionar la bodega, así como asesorar al cliente sobre vinos y bebidas.**

Solución

De entre las funciones descritas, solo es correcta la relacionada con la gestión del *maître*. El jefe de rango será el responsable de llevar a cabo el servicio, pero no le corresponden tareas como la toma de comanda o la entrega de cartas. En cuanto al ayudante, además de desbarasar las mesas, puede llevar a cabo otras funciones, tanto relacionadas con la preparación de *mise en place* como con la reposición de gueridones y aparadores durante el servicio. Finalmente, la figura del sumiller será la responsable del asesoramiento de vinos y bebidas. En la ausencia del sumiller, normalmente, es el *maître* o segundo *maître* el responsable de asumir dicha gestión.

4.2. Protocolo asociado a la conducción del comensal hasta su mesa

La recepción del cliente por parte del *maître* o, en su ausencia, por el personal de mayor cargo o rango del establecimiento, incluye su acompañamiento (indicación y conducción) hasta su mesa, debiéndose asegurar previamente que la mesa está preparada y se corresponde con el número de comensales por ubicar.

La recepción comenzará dando la bienvenida de forma cordial, mostrándoles el camino hacia la mesa que deben ocupar. De tratarse de una pareja, el *maître* retirará la silla de la mujer, ayudándola a acomodarse. A continuación, ofrecerá algo de beber a la vez que hace entrega de las ofertas del establecimiento.

De requerir la retirada de abrigos, paraguas o algún otro elemento, normalmente el *maître* contará con la ayuda del jefe de rango, que los retirará hasta su lugar de consigna.

De disponer de servicio de guardarropa, este deberá facilitar la identificación de la prenda, para lo que es común el uso del doble ticket.

4.3. Protocolo asociado a la realización de brindis y discursos

Las celebraciones y eventos son actos habituales en el ámbito de la restauración. Actos en los que es frecuente que se lleven a cabo iniciativas de presentación u homenaje, entre las que destacan los discursos y los brindis.

Para dar cohesión a ambos procesos, es necesario seguir y respetar el protocolo asociado a cada uno de ellos, para lo cual se establecen las siguientes normas:

- **Brindis:** el protocolo asociado a esta acción deriva de costumbres o normas asentadas por tradición, indicándose como fundamental el seguimiento de los siguientes principios:

  - El primero de los brindis llevados a cabo en un acto o evento será realizado por el anfitrión.
  - La persona o personas a las que se dirige el brindis deberán permanecer sentadas mientras dura el brindis, sin consumir ningún tipo de comida o bebida durante dicho tiempo.
  - En el caso de que el brindis sea realizado por el invitado de honor, el resto de asistentes deberá permanecer de pie, con la copa en la mano, sin apoyarla en la mesa.
  - Al finalizar el brindis, el resto de asistentes deben dar las gracias a la persona que lo ha realizado dirigiendo la copa hacia él. Se dará un pequeño sorbo a la copa y se procederá a sentarse.
  - Oficialmente, se indica que, en el brindis, las copas no deben chocarse, simplemente es suficiente con el alzado de la copa.
  - El discurso ofrecido en un brindis debe ser corto y no excederse más de uno o dos minutos.

- **Discurso:** algunos actos o eventos requieren para su apertura o cierre de un discurso, a fin de manifestar una idea, exponer un tema o incluso llevar a cabo un agradecimiento. Es común, en los actos inaugurales o de clausura, la celebración de mesas redondas y congresos, así como en cenas y homenajes.
  El tipo de discurso ofrecido será representativo del tipo de acto. No obstante, como ejemplos, se indican los siguientes principios:

  - En las cenas y homenajes, el discurso suele ser ofrecido por el anfitrión y no tiene una duración superior a los 10 minutos.
  - En aquellos casos como los actos inaugurales o de clausura, se indica como correcto que, tratándose de un discurso breve, su duración no sea superior a los 10 minutos. En cambio, si se trata de un discurso extenso, podría tener una duración de hasta 30–45 minutos.

5. Protocolo para personas con discapacidad

☞ **HILO CONDUCTOR**

El restaurante Maireles cumple con todas las normativas de accesibilidad y, además, su personal está formado en el trato de este tipo de clientes. En este caso, Belinda se ha asegurado de que tanto las instalaciones como el personal propicien que el cliente no se sienta discriminado o apartado, imponiendo un protocolo propio en función de las necesidades específicas del cliente y asegurando la igualdad en la calidad de atención recibida.

Contar con unas instalaciones que aseguren la independencia de actuación de los clientes es fundamental para que el cliente se sienta integrado; además, tener la capacidad de identificar las necesidades de un cliente de acuerdo con su discapacidad hace que se pueda hacer frente de forma eficaz y prematura, lo que propicia un mayor grado de autonomía y seguridad del cliente y, en consecuencia, un trato digno.

De forma general, el protocolo indicado para el trato de personas con discapacidad no tiene que diferir del resto, pero sí estar adaptado para cubrir las necesidades especiales que tiene. La persona con discapacidad debe sentirse en nuestras instalaciones como un cliente más, por lo que nuestros actos deben garantizar una atención de calidad, donde el cliente pueda tener acceso a los mismos servicios que el resto.

En el ámbito de la hostelería, estas premisas contemplan de forma principal los siguientes casos:

- **Persona con dificultad para caminar:** durante el proceso de atención, y en caso de tener que acompañarlo, se adaptará nuestro ritmo al ritmo del cliente; siempre se caminará delante de él, nunca detrás, y se ofrecerá ayuda solo en el caso de tener que subir o bajar escalones. En la medida de lo posible, hay que evitar que la persona permanezca de pie y se deberá situar su asiento lo más cercano posible a la entrada, baños o ascensores para facilitar su desplazamiento.
- **Persona en silla de ruedas:** partiendo de una correcta adaptación del local a este tipo de elemento (silla de ruedas), el trato hacia el cliente debe ser normal, teniendo presente que:

  ◑ Siempre se le hablará de frente, evitando que este tenga que girar la cabeza.

ʊ Siempre que sea posible, hay que sentar a dicho cliente de modo que se propicie la comunicación.

ʊ De tener que guiar la silla hasta la mesa o lugar donde va a producirse el servicio, se hará con seguridad y de forma pausada.

⊃ **Persona con discapacidad auditiva:** en el caso de enfrentarnos a personas con discapacidad auditiva total, su atención debe ser normal; se vocalizará bien, sin gesticular en exceso ni gritar. Ten presente que muchas de estas personas tienen formación específica y pueden leer los labios, así como interpretar la lengua de signos.

En el caso de enfrentarnos a personas con discapacidad auditiva limitada, por protocolo se aconseja situarlas en un lugar alejado del ruido, que, además, te permita hablar en un tono adecuado a sus necesidades.

⊃ **Persona con discapacidad visual:** se impondrá un trato normal que comenzará con tu presentación, identificándote de forma clara, a fin de que el cliente reconozca tu voz. Para acompañarlo a la mesa o lugar de servicio, se ofrecerá el brazo y se advertirá de elementos arquitectónicos que dificulten la movilidad, como pueden ser escaleras o escalones.

Durante el servicio, debes mantener informado al cliente, describiendo los elementos existentes en la mesa y la composición del producto que se va a consumir.

⊃ **Persona con discapacidad intelectual:** partiendo de una actuación y trato amable y empático, se debe asegurar que la persona es capaz de entender lo que se le está indicando. Nunca se le debe ofrecer un trato infantil, sino adecuado a su edad. En caso de observar incomprensión, se podrá ofrecer ayuda, citándole la oferta culinaria y de bebidas. En todo momento hay que mostrar un trato afable y comprensivo.

6. Decoración, regalos e invitaciones

☞ HILO CONDUCTOR

En el salón Alameda, del restaurante Maireles, se va a llevar a cabo una rueda de prensa. Para ello, se ha optado por el montaje de una mesa rectangular en la que se ha incluido un centro floral rectangular en el centro, de pequeño tamaño y altura, lo que facilita la visión del ponente. Además, los invitados van a ser agasajados con un pequeño regalo, teniendo presente que su valor y características cumplan con las exigencias normativas.

La decoración del lugar de celebración de un evento o acto, la entrega de regalos en eventos o el diseño y tipo de invitación ideada para la convocatoria de los asistentes a un evento obedecen de forma global a criterios establecidos y normalizados por costumbre y tradición. En la actualidad existen los siguientes criterios normalizados:

6.1. Protocolo asociado a la decoración

La decoración de la sala y mesas de un acto obedece a normas de protocolo dadas por costumbre o tradición, y que son dependientes del tipo de evento celebrado y de las características de la sala o lugar de celebración.

Los elementos que se deben tener presentes en la decoración son los siguientes:

- **Plantas:** siempre que sea posible, se hará uso de plantas naturales, evitando aquellas que tengan fragancias fuertes.
  Los elementos decorativos utilizados no dificultarán los procesos de servicio ni la comunicación entre asistentes; por tanto, se tendrá presente su altura y volumen.
- **Símbolos y emblemas:** según el acto, es posible requerir un montaje con decoración particular, obedeciendo al organizador. En todo caso, se debe asegurar el uso correcto de símbolos y emblemas, que, en el caso de ser oficiales (banderas, escudos...), se expondrán según normativa.
- **Menaje y lencería:** todos los elementos presentes en la mesa deben pertenecer al mismo modelo. No se debe usar, en una misma mesa, con el mismo fin, elementos distintos. La mantelería utilizada para vestir las mesas debe ser del mismo tejido, modelo y color, y combinará al mismo tiempo con el resto de elementos decorativos (cortinas, alfombras, cubresillas, etc.).
  El uso de velas y/o candelabros queda reservado para eventos de noche, y se debe observar, además, su diseño y volumen, para que no interfiera en el servicio ni en la comunicación entre asistentes.

ACTIVIDAD COMPLEMENTARIA

4. Busca información sobre el ordenamiento propio de las banderas o emblemas oficiales.

6.2. Protocolo asociado a la aceptación y ofrecimiento de regalos

La naturaleza y finalidad del acto al que se concurre hace que, en ocasiones, la organización incluya la entrega de un obsequio o regalo. De forma generalizada, el obsequio o regalo obedecerá a principios de cortesía. En ningún caso, el regalo u obsequio tendrá como finalidad la persecución de un trato de favor.

En la actualidad, la búsqueda e implantación de transparencia hace que muchas entidades y empresas formulen su propio código o protocolo frente a la adquisición y ofrecimiento de regalos y atenciones, más aún cuando se trata de entidades públicas.

Un claro ejemplo se refleja en la redacción del artículo 26.2b).6.º de la Ley 19/2013 por el que se establecen los principios que contemplar por parte de la Familia Real y Casa Real, así como miembros del Gobierno, altos cargos y asimilados de la Administración del Estado, las comunidades autónomas y las entidades locales, en el que se indica:

No aceptarán para sí regalos que superen los usos habituales, sociales o de cortesía, ni favores o servicios en condiciones ventajosas que puedan condicionar el desarrollo de sus funciones. En el caso de obsequios de una mayor relevancia institucional se procederá a su incorporación al patrimonio de la Administración pública correspondiente.

PARA SABER MÁS

Puedes consultar **el artículo 26.2b).6.º de la Ley 19/2013** accediendo aquí:

Continúa en página siguiente >>

<< Viene de página anterior

https://redirectoronline.com/hota004po0401

Además, puedes consultar los protocolos de aceptación y ofrecimiento de regalos y atenciones a seguir por los colaboradores de una compañía; accediendo desde aquí:

Departamento de Ética y Cumplimiento de Endesa	Secretarías generales de universidades españolas

https://redirectoronline.com/hota004po0402	*https://redirectoronline.com/hota004po0403*

 ACTIVIDAD COMPLEMENTARIA

5. Busca información sobre alguna de las propuestas normativas en las que se dictaminen principios relacionados con la gestión que llevar a cabo frente al ofrecimiento o recepción de regalos o atenciones.

En cuanto a los obsequios o regalos asociados a la asistencia a ágapes familiares, se considera apropiada su aceptación, pues es símbolo de cordialidad y detalle. No obstante, el valor del obsequio no deberá contraponer las exigencias dadas por el Código Penal, en el que se recogen los supuestos en los que un regalo puede considerarse cohecho o corrupción. En relación con los obsequios o regalos asociados a la organización de eventos tales como convenciones, asambleas, etc., de ámbito privado, es, normalmente, la empresa la que indica en su código ético qué es lo correcto. Se redacta, en todo caso, en función de la normativa, en concreto, de la descripción del Código Penal, en el que, pese a no indicarse un precio o valor máximo en el regalo, sí se pone de manifiesto la necesidad de interpretación de la intencionalidad por la que se lleva a cabo.

NOTA

En todo ofrecimiento o aceptación de regalos u obsequios debe imperar la transparencia.

6.3. Protocolo asociado a la redacción y gestión de invitaciones

La invitación es un elemento comunicativo utilizado para facilitar la información necesaria para hacer presencia en un acto o evento.

En la actualidad, la modalidad de envío o incluso el medio utilizado para ello permite diferenciar entre:

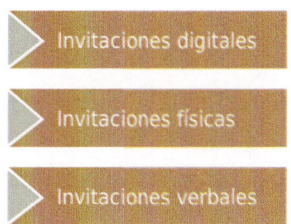

El uso de una u otra modalidad atiende al tipo de acto organizado y al público al que se dirige, pudiendo incluso combinarse el uso de distintas modalidades a fin de conseguir una mayor efectividad de convocatoria. No obstante, para la convocatoria a un acto formal, el uso de la invitación física prevalece sobre las demás.

Redacción de la invitación

Centrándonos en la redacción de una invitación formal, se indica como requisito necesario establecer o identificar a su destinatario. Para ello, se diferencian los siguientes usos:

- **Invitación individual:** la identificación correcta en la invitación hace necesario incluir el nombre completo del invitado y su tratamiento.
  Además, si se advierte que dicha persona puede ser acompañada, se incluirá la expresión: "...y acompañante".
- **Invitación para pareja o matrimonio:** la identificación correcta en la invitación hace necesario identificar el nombre completo y tratamiento de los invitados. Asimismo, tradicionalmente, también ha sido aceptado el uso del tratamiento y el apellido del marido.
- **Invitación familiar:** la identificación correcta en la invitación hace referencia al nombre del cabeza de familia y la expresión: "...y familia".

Como datos que aportar en la invitación, es necesario, como mínimo, indicar los siguientes: el motivo de la celebración o acto, la fecha, el lugar y la hora. Asimismo, es posible incluir la descripción o necesidades de vestuario, dirección o teléfono de confirmación de asistencia, etc.

 IMPORTANTE

La calidad de los materiales seleccionados para la confección de la invitación, así como la tipografía utilizada, son elementos que hay que tener presentes para generar de forma previa una valoración del tipo de evento al que se invita.

Gestión de la invitación

Por protocolo, se estima que el envío de la invitación se lleve a cabo con una antelación de 30 días en aquellos casos en los que se trate de un acto o evento tipo empresarial (convención, asamblea, etc.) y 15 días para una comida. En todo caso, la invitación puede ser entregada en mano o enviada por mensajería. En este último caso, el envío se llevará a cabo a la dirección personal del invitado.

 **NOTA**

En actos en los que exista la presencia de autoridades, la invitación deberá ser enviada teniendo presente la organización de sus agendas, lo que sugiere tiempos más largos, pudiendo incluso llegar al envío anticipado de 12 a 24 meses en caso de invitaciones asociadas a eventos internacionales.

 TAREA 6

En el último trimestre del año, se llevará a cabo en el restaurante Maireles la celebración del almuerzo previo a la entrega de los Premios Princesa de Asturias. Entre los invitados, se encuentran autoridades como los reyes de España y la princesa de Asturias, el alcalde de Madrid y el nuncio apostólico de España.

A fin de fomentar un uso correcto de los tratamientos y organización del evento, Belinda decide establecer un proceso de formación para la brigada del establecimiento. Además, debe determinar la descripción que imponer en la vestimenta.

Indica qué elementos deberá dar a conocer a la brigada y determina cuál sería la vestimenta adecuada para solicitar a los invitados. Justifica tu respuesta.

7. Resumen

Recibir a una persona haciendo uso correcto de su tratamiento muestra profesionalidad, compromiso y respeto, y genera una primera impresión positiva, lo que hace mostrar una mayor predisposición en su proceso de atención. De forma básica, se diferencian los tratamientos de:

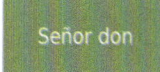

Dichos tratamientos pueden ser complementados con el uso de tratamientos más específicos asociados al tipo de organismo, puesto o responsabilidad ocupada o incluso título o cargo ostentado. Así, por ejemplo, al dirigirnos a la figura del rey Felipe VI, se tendrá que usar el tratamiento de su majestad, o el tratamiento de excelentísimo como tratamiento para capitán general o embajadores, entre otros.

La indumentaria o vestimenta utilizada como parte del protocolo que cumplir frente a un acto o evento hace necesario diferenciar entre la necesidad de seguir etiqueta o no. Cuando se habla de etiqueta en la indumentaria, se diferencia entre chaqué, esmoquin y frac, cada uno de ellos con peculiaridades propias. Además, el protocolo facilita, en caso de no requerir etiqueta, la denominación de "traje oscuro" y "chaqueta y corbata".

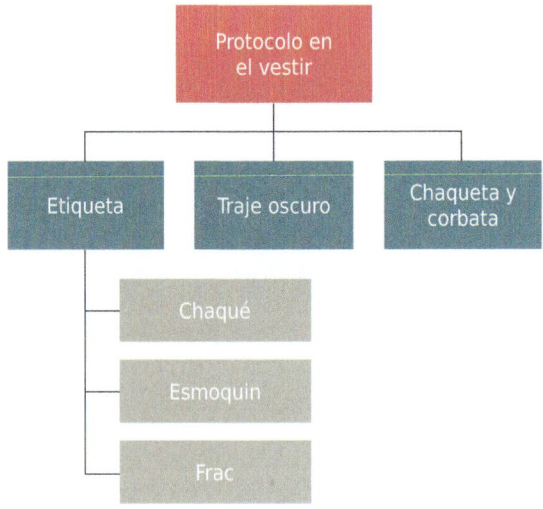

El protocolo también influye en la operatividad del personal de servicio, que es un aspecto fundamental en la correcta gestión del establecimiento; además, en procesos como la conducción del comensal hasta su mesa, el servicio de alimentos y bebidas o la toma de comanda, se identifican procesos prefijados, que responden al denominado como **protocolo de servicio.**

El brindis y el discurso son dos de los actos cotidianos desarrollados en eventos, que muestran en su desarrollo pautas específicas donde se determina la persona encargada de llevar a cabo su apertura y cierre, cómo deben actuar los comensales, etc.

Es importante destacar que no todas las personas tienen las mismas necesidades de atención. Un ejemplo son las personas con discapacidad, que puede estar relacionada con dificultad para caminar, van en silla de ruedas, presentan discapacidad auditiva, visual o intelectual.

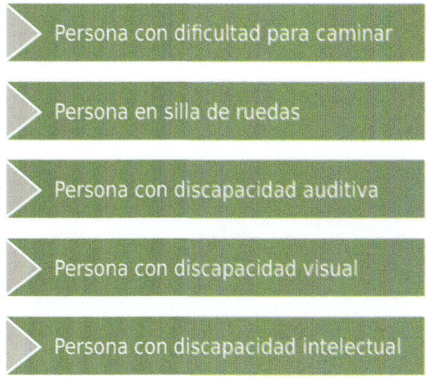

Finalmente, recuerda que la decoración requerida para un evento, la aceptación u ofrecimiento de un regalo o incluso la gestión de desarrollo y envío de invitaciones obedece a reglas de protocolo, en las que la tradición o costumbres formulan un desarrollo común.

Ejercicios de autoevaluación
Unidad de Aprendizaje 4

1. El tratamiento don puede ser utilizado con...

a. ... el primer apellido.
b. ... el nombre completo o el nombre de pila.
c. ... los apellidos.
d. ... el nombre completo, y no se acepta solo con el nombre de pila.

2. El tratamiento correcto para el rey Felipe VI es:

a. Alteza real
b. Majestad
c. Excelentísimo
d. Ilustrísimo

3. El tratamiento correcto dado al presidente del Gobierno debe ser:

a. Honorable señor
b. Excelentísimo señor
c. Ilustrísimo señor
d. Señoría

4. ¿En qué casos es válido el uso del tratamiento de señoría?

a. Los miembros del Congreso.
b. Los miembros del Senado.
c. Los jueces y jueces de paz.
d. Todas las opciones son correctas.

5. El chaqué presenta como elementos de indumentaria masculina:

a. Levita negra.
b. Pantalón gris con rayas negras.
c. Chaleco gris o beis, para actos lúdicos, o negro en caso de asistir a un funeral.
d. Todas las opciones son correctas.

6. El frac indica como necesario…

a. … el uso de corbata de lazo blanca.
b. … el uso de corbata negra lisa.
c. … el uso de zapato blanco.
d. … el uso de chaleco negro.

7. Identifica cuál o cuáles de las siguientes son funciones propias del jefe de rango:

a. Responsable de llevar a cabo el servicio de mesa.
b. Atender a las peticiones del cliente.
c. Se encarga, junto con el jefe de sector, del servicio de los alimentos, así como de la finalización de elaboraciones a la vista del cliente.
d. Todas las opciones son correctas.

8. En torno al brindis, se indica como correcto que:

a. El primer brindis debe ser realizado por el anfitrión.
b. La persona o personas a las que se dirige el brindis deberán permanecer de pie durante el brindis.
c. El discurso asociado a un brindis tendrá una duración de al menos 15 minutos.
d. Cuando el brindis es realizado por el invitado de honor, el resto de asistentes permanecerán sentados.

9. Identifica cuál o cuáles de los siguientes principios son considerados correctos frente al protocolo asociado a la atención de una persona en silla de ruedas.

a. Siempre se le atenderá de frente.
b. Se utilizará un tono de voz elevado, salvando la diferencia de altura que supone su posición.
c. En todo caso, se trasladará a la persona desde su silla a la silla del establecimiento.
d. Se ubicará de espaldas a la entrada principal del establecimiento o salón.

10. De forma tradicional, la descripción del nombre en una invitación...

   a. ... incluirá el tratamiento y género de la persona a la que se dirige.
   b. ... irá en mayúscula, sin incluir el tratamiento a fin de evitar contradicciones o errores.
   c. ... hace necesario identificar el nombre completo y tratamiento, en los casos en los que la invitación sea individual.
   d. ... se limitará a presentar el tratamiento y primer apellido de cada una de las personas a las que se dirige.

Glosario

Aguamanil
Enjuagadedos.

Anfitrión
Persona o entidad que recibe en su país o en su sede habitual a invitados o visitantes.

Aparador
Mueble donde se guarda o contiene lo necesario para el servicio de la mesa.

Asamblea
Reunión de los miembros de una colectividad para discutir determinadas cuestiones de interés común.

Conferencia
Reunión en la que se lleva a cabo una exposición oral ante un público sobre un determinado tema de carácter didáctico o doctrinal.

Desbarasar
Retirar los servicios utilizados por el cliente.

Estamento
Estrato de una sociedad, definido por un común estilo de vida o análoga función social.

Gueridón
Mesa de pequeño tamaño y móvil dotada de una o más baldas utilizada para ayudar a los procesos de servicio.

Jerarquía
Gradación de personas, valores o dignidades.

Lito
Paño utilizado por el personal de sala para el servicio de alimentos y bebidas.

Menaje
Conjunto de muebles y accesorios de una casa.

Mise en place
Expresión francesa que se puede traducir como puesta a punto.

Muletón
Pieza de tela recia y acolchada destinada a proteger la superficie de la mesa y minimizar el ruido de copas, platos y elementos de servicio.

Office
En un establecimiento hostelero, es el lugar destinado al lavado del menaje de servicio.

Peana
Base de la copa.

Plenipotenciario
Persona enviada por los jefes de Estado a organizaciones de otros Estados, con plenos poderes para resolver los asuntos.

Precedencia
Orden de prelación entre asistentes a un acto, al que, de forma general, asisten autoridades.

Presidencia
Persona o personas que presiden un acto.

Protocolo
Conjunto de reglas establecidas por norma o por costumbre para ceremonias y actos oficiales o solemnes.

Seminario
Reunión en la que se lleva a cabo una colaboración con fines de investigación o práctica de alguna disciplina.

Simposio
Conferencia o reunión en que se examina y discute determinado tema.

Bibliografía

Monografías

→ NAVARRO Almuedo, L.: *Planificación, organización y control de eventos. UF0075.* Antequera: IC Editorial, 2018.

> Este manual profundiza en la definición de los distintos tipos de eventos, su tipología y su mercado, así como en las necesidades de planificación, presupuestación y organización. Detalla la descripción de los servicios requeridos en la organización de los eventos, incluyendo las aplicaciones informáticas específicas de gestión.

→ OROZCO López, J. de D.: *Protocolo para la organización de actos oficiales y empresariales.* Antequera: IC Editorial, 2016.

> Este manual te introduce en los conceptos básicos del protocolo y establece las necesidades protocolarias de organización y equipo humano. Describe los principios que imponer en la preparación de un acto, en su desarrollo y cierre, así como las técnicas de distribución de personas y las particularidades del protocolo oficial.

→ VILLANUEVA López, R.: *Gestión de protocolo UF0043.* Antequera: IC Editorial, 2019.

> Este manual facilita información sobre el concepto y clases de protocolo, y describe la aplicación de técnicas asociadas a su implantación. Describe las razones y aplicaciones más habituales del protocolo en diferentes eventos y actos.

Legislación y normativa

→ Ley 19/2013, de 9 de diciembre, de transparencia, acceso a la información pública y buen gobierno.

→ Real Decreto 2099/1983, de 4 de agosto, por el que se aprueba el Ordenamiento General de Precedencias en el Estado.

Textos electrónicos, bases de datos y programas informáticos

→ Código de Ceremonial y Protocolo, de:
<https://www.boe.es/biblioteca_juridica/codigos/codigo.php?id=116_Codigo_de_Ceremonial_y_Protocolo&modo=2>.

Página web del Boletín Oficial del Estado en el que se presenta el Código de Ceremonial y Protocolo.